CIÊNCIA e JORNALISMO
Da herança positivista ao diálogo dos afetos

Dados Internacionais de Catalogação na Publicação (CIP)
(Câmara Brasileira do Livro, SP, Brasil)

Medina, Cremilda
Ciência e jornalismo: da herança positivista ao diálogo dos afetos / Cremilda Medina. São Paulo: Summus, 2008.

ISBN 978-85-323-0525-1

1. Comunicação 2. Jornalismo 3. Jornalismo científico 4. Positivismo lógico 5. Racionalismo I. Título.

08-09216	CDD-070.4495

Índice para catálogo sistemático:

1. Jornalismo e ciência   070.4495

Compre em lugar de fotocopiar.
Cada real que você dá por um livro recompensa seus autores
e os convida a produzir mais sobre o tema;
incentiva seus editores a encomendar, traduzir e publicar
outras obras sobre o assunto;
e paga aos livreiros por estocar e levar até você livros
para a sua informação e o seu entretenimento.
Cada real que você dá pela fotocópia não autorizada de um livro
financia um crime
e ajuda a matar a produção intelectual de seu país.

CIÊNCIA e JORNALISMO
Da herança positivista ao diálogo dos afetos

CREMILDA MEDINA

summus editorial

CIÊNCIA E JORNALISMO
da herança positivista ao diálogo dos afetos
Copyright © 2008 by Cremilda Medina
Direitos desta edição reservados por Summus Editorial

Editora executiva: **Soraia Bini Cury**
Assistentes editoriais: **Bibiana Leme e Martha Lopes**
Capa, projeto gráfico e diagramação: **Gabrielly Silva**

Summus Editorial
Departamento editorial:
Rua Itapicuru, 613 – 7º andar
05006-000 – São Paulo – SP
Fone: (11) 3872-3322
Fax: (11) 3872-7476
http://www.summus.com.br
e-mail: summus@summus.com.br

Atendimento ao consumidor:
Summus Editorial
Fone: (11) 3865-9890

Vendas por atacado:
Fone: (11) 3873-8638
Fax: (11) 3873-7085
e-mail: vendas@summus.com.br

Impresso no Brasil

*A
Gabriel e Alice;
no engenho e arte de meus netos,
a gesta dos afetos ao século XXI.*

—

Este livro, escrito no outono de 2008, nasceu de uma inspiração no entardecer de 31 de dezembro de 2007, quando encontrei numa livraria de São Paulo uma preciosa edição espanhola do *Discurso sobre el espíritu positivo*, de Auguste Comte. A partir daí, senti-me compelida a fazer esta viagem da herança positivista ao diálogo dos afetos.

—

SUMÁRIO

PREFÁCIO · ESPERANÇA DE UM MUNDO MELHOR · 11

PRIMEIRA PARTE · POSITIVO NÃO OPERANTE,
OU AUGUSTE COMTE REVISTO · 15

17   Heranças cruzadas
24   Positivo operante no jornalismo
28   Abalos no edifício positivista
32   O erro de Descartes, segundo Damásio
36   O erro por corrigir, ou as lições do método
40   O corpo e a alma nas células embrionárias
47   A mágica solidária do útero
52   Paradigmas que a todos inquietam
55   Pascal no século XXI
59   A sutileza da operação noticiosa

SEGUNDA PARTE · **DIÁLOGO POSSÍVEL,
RELATO DE UMA EXPERIÊNCIA · 65**

67 A prática da interação social
    68 *Sobrevivente pede o fim da maldade*
    73 *Afetos do segundo tempo*
    75 *Geléias para o inverno*
    81 *Lavas do vulcão*
89 *Post scriptum*

TERCEIRA PARTE · **REFLEXOS E REFLEXÕES
À MARGEM DAS CERTEZAS · 91**

93   Grandezas e limitações da relação digital
101 Para além do código lingüístico

REFERÊNCIAS BIBLIOGRÁFICAS (BREVE COMENTÁRIO) · 111

PREFÁCIO

ESPERANÇA DE UM MUNDO MELHOR

Usada e abusada, para não dizer vulgarizada sem qualquer respeito ao sentido original, a expressão "crise de paradigmas", antes restrita ao jargão científico, tornou-se nos últimos tempos moeda corrente no vocabulário do senso comum. Apenas a título de exemplo, lembremos que hoje ela ecoa com irritante freqüência no plenário do Senado Federal e da Câmara dos Deputados em Brasília, sem contribuir em nada para a elevação do nível dos debates parlamentares. Repetida à saciedade nos contextos mais diversos, quase sempre de maneira imprópria, a noção (cunhada no início dos anos 1960 por Thomas Kuhn em sua obra seminal, *A estrutura das revoluções científicas*) esgarçou-se de tal forma que chega a ser temerário iniciar o prefácio deste livro com uma referência explícita à tão comentada (e pouco compreendida) crise de paradigmas dos tempos presentes. Não há, contudo, como contornar o obstáculo, já que, em última análise, é esse o tema central de *Ciência e jornalismo – Da herança positivista ao diálogo dos afetos*. A obra traz a discussão para o domínio da comunicação social, mais especificamente do jornalismo. Eis aí o primeiro dos muitos méritos do trabalho de Cremilda Medina: ela não hesita em reconhecer os problemas de seu campo de atuação. Nunca é demais assinalar que é fácil apontar a crise no terreiro do vizinho, mas sempre complicado lidar com as dificuldades em nosso quintal.

Ao analisar as idéias de René Descartes e Auguste Comte, Cremilda discute como esses dois grandes autores – sustentáculos do arcabouço conceitual da modernidade – influenciaram o jornalismo ao longo de quase dois séculos. No entanto, com os abalos sofridos pelo edifício racionalista-positivista nos últimos tempos, práticas profissionais solidamente estabelecidas começam a ser contestadas. O repórter frio e objetivo diante dos fatos já não dá conta das novas exigências impostas pela realidade. A derrocada das certezas, a crise de valores e o triunfo do absurdo exigem um mediador que se deixe impregnar por sensações e emoções ao narrar o mundo. A notícia já não se restringe às possibilidades improváveis, mas mergulha no cotidiano, no protagonismo dos atores anônimos, na rica e quase sempre invisível trama da vida comum. Diante desse quadro de profundas transformações, além de revelar a matriz positivista das fórmulas jornalísticas predominantes ainda hoje, Cremilda Medina propõe o resgate da autoria como elemento-chave da prática profissional. O envolvimento emocional com a narrativa e o relacionamento sujeito–sujeito entre os seres humanos nela envolvidos aparecem como uma nova fronteira na representação da atualidade ou, com licença da autora, na arte de tecer o presente, função precípua da comunicação social. Para mostrar as possibilidades concretas de sua proposta, Cremilda nos brinda com um belo exemplo de integração afetiva, em reportagem de 1985 assinada por ela no jornal *O Estado de S. Paulo* e transcrita nesta obra.

Atenta ao impacto das novas tecnologias no ambiente das redações, a autora faz, na terceira parte do livro, uma frutífera reflexão a respeito da entrevista por e-mail e do efeito das transmissões televisivas ao vivo sobre a narrativa jornalística. Todas as visões de mundo (ia escrever "paradigmas"; contive-me a tempo), todas as visões de mundo, repito, caracterizam-se pela transitoriedade. Também no mundo das idéias tudo passa, tudo flui, como dizia Heráclito. Com a diferença de que as águas nas quais se banhava o filósofo se dispersavam rumo ao mar, e as idéias se agregam em camadas sucessivas. As visões do passado não se desmancham no ar, mas fornecem alicerces para a construção do presente. Assim, ao propor novas práticas no exercício do jornalismo, Cremilda Medina não dinamita o edifício de Descartes e Comte, mas com a contribuição de pensadores como Pascal, Damásio e Restrepo agrega preciosos tijolos à sempre inacabada construção do pensamento crítico, pragmático e democrático que fundamenta a esperança de um futuro melhor para a humanidade.

SINVAL MEDINA
Jornalista e escritor. Publicou livros infanto-juvenis e romances.
Ex-professor da Escola de Comunicações e Artes da USP,
hoje se dedica exclusivamente à literatura.

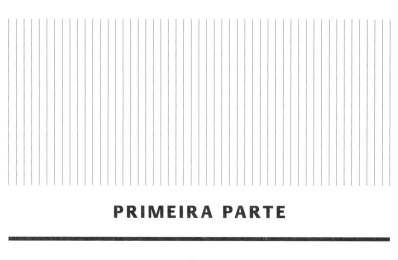

PRIMEIRA PARTE

POSITIVO NÃO OPERANTE, OU AUGUSTE COMTE REVISTO

HERANÇAS CRUZADAS

Na abertura de um texto de minha autoria, dizia em 1995:

> *A linguagem jornalística, enquanto discurso de atualidade plenamente legitimado pela sociedade, defronta-se hoje com os impasses da crise de paradigmas. Estruturada pelos princípios positivo-funcionalistas, esta codificação propõe-se uma forma eficiente de comunicação coletiva, mas vive a contradição de um discurso muito pouco interativo. O Jornalismo, inscrito na trajetória nitidamente assinalada pela Modernidade, foi construindo sua linguagem segundo os postulados da racionalidade que vem desaguar, como outras formas de codificação do real, em fórmulas gramaticais do século XIX. Dessa herança estratificada saem os principais problemas contemporâneos.*

Essa reflexão, inserta em um dos textos da série Novo Pacto da Ciência, cujo propósito é pôr em discussão a experiência contemporânea, revela, de imediato, princípios positivo-funcionalistas, operantes na prática comunicacional e nas práticas científicas que se disciplinaram metodologicamente ao mesmo tempo. No século XIX se propõem gramáticas, presentes tanto na metodologia da pesquisa do conhecimento científico quanto na de captação e narrativa da contemporaneidade que se difunde nos meios de comunicação social. O signo da divulgação que rege a relação ciência-sociedade se estrutura numa concepção e prática semelhantes aos discursos que informam sobre a atualidade.

Curioso observar que essa comunhão de bens metodológicos recebe influxos definitivos de Auguste Comte. É o que se pretende examinar com base na obra-chave da maturidade do pensador, *Discurso sobre o espírito positivo*, de 1844. Um livro sintético das idéias fundamentais do positivismo: páginas densas, organizadas em capítulos nas edições posteriores, facilitam a decifração do caudal comtiano numa defesa assertiva (sem lugar para dúvidas) da ciência, de sua metodologia e eficiência política. Esse, o tom de um intelectual que quer condensar as condições definitivas para a educação das massas e para conferir *status* diferenciado à operação da ciência nas sociedades modernas.

Sintonizado com as idéias evolucionistas, Comte propõe três estados teóricos na trajetória intelectual da humanidade: o teológico, para ele um estado fictício ou da imaginação abastecido pelas influências sobrenaturais; o metafísico, qualificado como a enfermidade crônica entre a infância e a virilidade, que se alimenta eternamente das explicações sobre a origem e o destino do homem; e, por fim, o estado positivo, regime definitivo da razão, em que a observação é a única base possível dos conhecimentos acessíveis à verdade, adaptados sensatamente às necessidades reais.

Quando os epistemólogos contemporâneos defendem o conhecimento pragmático, aquele que avalia as conseqüências sociais da ciência, a concepção sintoniza perfeitamente com o princípio positivista que conquistou as mentes do fim do século XIX e se mostrou operante em todo o século XX: para o pensador, a eficácia científica de qualquer modo, seja a abstração racional, seja o laboratório experimental, depende da relação direta ou indireta com os fenômenos observados. A investigação científica só é positiva se o pesquisador opera com o que é. Renuncia, então, à origem e ao destino, não se volta para os dados absolutos, mas para os relativos à organização e à situação observadas.

Que meditem os jornalistas e os cientistas se não é esse o princípio que rege a pesquisa empírica – coleta de informações de atualidade ou coleta de dados sobre fenômenos em estudo no laboratório científico. Comte prevê no estado positivo da ciência a conseqüência necessária das relações regulares, descobertas entre os fenômenos, e rejeita a vã erudição que acumula fatos sem aspirar a deduzi-los uns dos outros. Diz ele: o verdadeiro espírito positivo consiste, antes de tudo, em ver para prever, em estudar o que é, a fim de concluir disso o que será, segundo o dogma geral da invariabilidade das leis naturais.

A essa concepção positivista ainda não se haviam acrescido as compreensões científicas da indeterminação nos processos materiais e sociais, a noção de caos dinâmico, compreensão de atos emancipatórios imprevisíveis. Tampouco havia sido incorporada a noção de produção simbólica, que transcende os fenômenos aparentes. A dureza do espírito positivo, no entanto, persiste na metodologia atual, de certa forma ainda avessa à visão de mundo que emerge na crise de paradigmas e restaura a imaginação poética. A mentalidade positiva residual, segundo Comte, também postula que

> [...] a arte não será tão-somente geométrica, mecânica ou química, mas acima de tudo política e moral, já que a principal ação exercida pela humanidade deve consistir, em todos os aspectos, no melhoramento contínuo de sua própria natureza, individual ou coletiva, entre os limites que indica, como em todos os demais casos, o conjunto das leis reais.

A realidade objetiva é, pois, o privilégio do espírito positivo. O ponto de partida e o de chegada se resumem então na harmonia entre a vida especulativa e a vida ativa. Sintetizando a condição humana da Modernidade, Comte contesta o otimismo providencial e aposta todas as fichas (no fundo, outro ato de fé) na intervenção humana: a vida industrial é, para ele, diretamente contrária a todo otimismo providencial, pois supõe necessariamente que a ordem natural é de tal forma imperfeita que exige sem cessar a intervenção humana, enquanto a teologia não admite logicamente outro meio de mudança senão apelar para o apoio sobrenatural.

Para não deixar margem a dúvidas semânticas, o discurso sobre o espírito positivo delimita seis sentidos de positivo:

1. o real em oposição ao quimérico;
2. o que é útil em contraposição ao que é inútil;
3. ao contrário da indecisão ou das dúvidas indefinidas, a certeza constituída pela harmonia lógica;
4. um grau de precisão compatível com a natureza dos fenômenos e conforme a exigência das verdadeiras necessidades humanas opõe o conceito de preciso a vago;
5. o significado mais banal, positivo *versus* negativo – caberia à filosofia organizar, e não destruir;
6. reforça-se a tendência, necessária para Comte, de substituir em tudo o relativo pelo absoluto.

A concepção positivista prega não mais ser possível dar à lógica científica um caráter universal por meio de concepções puramente abstratas, independentes de todo o fenômeno determinado. Essa abstração pertenceria a estados menos evoluídos como o regime teológico-metafísico.

Comte conclama seus antecessores Kepler e Galileu, Bacon e Descartes, pedras basilares do pensamento ocidental europeu, para defender a evolução e superioridade social do espírito positivo. Como não poderia deixar de acontecer, vem germinar em sua terra: o espírito positivo não é apenas o destino teórico, mas a única saída intelectual para enfrentar a imensa crise social desenvolvida, há meio século, em todo o Ocidente europeu e, sobretudo, na França. A ciência pragmática de Comte pretende dar uma resposta ao contexto conturbado da modernidade e estabelece as coordenadas que se registrariam no simbolismo da bandeira brasileira: ordem e progresso.

Na intervenção política que o positivismo anuncia, há de se organizar não só o campo das idéias, mas os costumes e as instituições sob os ditames da ordem e do progresso. Este último, fruto da sistematização da moral humana, constituirá uma dogmática teoria da humanidade. (Hoje, o senso comum das ruas entende o mundo por meio de atraso e progresso, sem se dar conta da forte presença de Comte nesse imaginário coletivo.) A grade do progresso, na visão positivista, não tolera a intuição individual, incapaz de operar na evolução da espécie ou nas intervenções sociopolíticas.

Esse ingrediente da operacionalidade do positivismo talvez tenha sido o multiplicador que seduziu as mentalidades. Perante o caos da desordem, Comte insiste na metodologia da ordem:

> [...] atacando a desordem atual em sua verdadeira origem, necessariamente mental, se constitui, tão profundamente quanto for possível, a harmonia lógica, regenerando primeiro os métodos antes das doutrinas, por meio de uma tríplice conversão simultânea da natureza das questões dominantes, da maneira de tratá-las e das condições prévias de sua elaboração.

Meticuloso no discurso do método, ambicioso na cientificidade, Comte não resistiria à tentação de enquadrar as disciplinas científicas numa rígida hierarquia. Estava selado, no fim do século XIX, o estatuto das ciências numa estrutura piramidal que até hoje aflige os epistemólogos do saber plural.

Para Auguste Comte, a ordenação das ciências é dogmática e histórica, inscreve-se no quadro da evolução da humanidade. Assim, descreve, com o tom positivo (da precisão), o domínio primeiro da matemática e da astronomia (que ocupa um vasto espaço no seu pensamento); vêm a seguir a física e a química e, em terceiro lugar, o conhecimento biológico e sociológico. Esses campos de conhecimento, porém, são os andaimes que sustentam a ciência única, a da Humanidade, ou seja, a filosofia positiva. Comte indica o caminho, do mais simples ao mais complexo, para dominar essa construção mental, prevenção necessária a qualquer abstração espúria para o positivismo:

> *O sentimento fundamental da invariabilidade das leis naturais devia, com efeito, desenvolver-se primeiro para os fenômenos mais simples e gerais, cuja regularidade e magnitude superiores nos manifestam a única ordem real que seja completamente independente de toda a modificação humana.*

A doutrina positivista fatalmente se estenderia à educação, por ser esse o domínio por excelência da aplicação da gramática filosófica de Comte. A estratégia de submeter os desvios individuais, anticientíficos, ao projeto coletivo de positividade ocupa um bom espaço do discurso comtiano. Curioso o pensador não estar muito distante do pensamento apocalíptico posterior, já na primeira metade do século XX, que condena, pela alienação ou manipulação das consciências, os periódicos, as novelas e os dramas. O autor critica o desfrute dessa produção simbólica pelas classes inferiores, "às quais nenhuma instrução regular preserva do contágio metafísico, só rechaçado por sua razão natural". A educação positivista seria, então, o antídoto para o tríplice e desviante ensino que emana dos periódicos, ou seja, do jornalismo, das novelas e dos dramas da literatura folhetinesca do século XIX.

Em outras palavras, a ordem e o progresso se pavimentam na escola positivista. O projeto político, a metodologia científica e a filosofia do aperfeiçoamento evolutivo têm na educação das massas seu instrumento operacional. Em condições rigorosas, "[...] a escola positiva tende, por um lado, a consolidar todos os poderes atuais em mãos de seus possuidores, quaisquer que sejam, e, por outro, a impor-lhes obrigações morais cada vez mais sintonizadas com as verdadeiras necessidades dos povos". Mas o autor rejeita o que poderia ser acusado de liberalismo para abraçar a responsabilidade social, pois a propagação universal dos princípios positivos alcançaria não apenas os que detêm o poder, inclusive o científico, mas uma escala da massa popular. Não é por acaso que essa outra sedução revolucionária se aninhou nos educadores. Enfaticamente, Auguste Comte quer erradicar a anarquia mental tanto das classes ilustradas como dos ágrafos. Por isso, a política popular, sempre social, "deve ser acima de tudo moral". A escola constitui, pois, o espaço privilegiado de ordem e progresso da razão natural.

O discurso sobre o espírito positivo culmina com a ordem necessária dos estudos positivos. Comte disciplina sua doutrina em leis: a primeira, a lei da classificação, que ordena as ciências conforme estrita evolução histórica (parâmetros ocidentais); a segunda, a lei enciclopédica ou a hierarquia das ciências, segundo as conquistas positivas e os estados de inteligência humana; a terceira, a importância da lei enciclopédica, que vincula as outras duas ao acúmulo evolutivo do sistema científico. O propósito doutrinal das leis é exorcizar, em definitivo, as "aberrações" pré-científicas que impedem a verdadeira positividade. ∎

POSITIVO OPERANTE NO JORNALISMO

Se Auguste Comte vocalizou as linhas mestras do cientificismo no século XIX, o jornalismo que se estruturava como o discurso de atualidade não ficou imune aos princípios doutrinários do positivismo. Na expansão urbana e industrial que atravessa o século XX, as sociedades que se modernizam legitimam a informação cada vez mais rápida, distribuída pelos meios de comunicação social. As formas de captação do acontecimento noticioso, bem como as formas de edição da narrativa da contemporaneidade, vão sendo disciplinadas e o jornalismo ambiciona, já no fim do século XIX, um lugar no conjunto de áreas de conhecimento. Há até teóricos, como o alemão Otto Groth, que propõem leis para reger o fenômeno dentro do estatuto da ciência.

Quando se observa o fazer cotidiano do jornalista e a doutrina presente na formação universitária (que data também do fim do século XIX), verificam-se marcas epistemológicas herdadas do *Discurso sobre o espírito positivo*. Ou do espírito comtiano. Senão, vejamos: a noção de real e a relação objetiva com o real; a tendência para diagnosticar o acontecimento social no âmbito da invariabilidade das leis naturais; a ênfase na utilidade pública dos serviços informativos; o tom afirmativo perante os fatos jornalísticos; a busca obsessiva pela precisão dos dados como valor de mercado; a fuga das abstrações; a delimitação de fatos determinados. A moldura ideológica, fixada no jornalismo, está representada nas palavras-chave da bandeira brasileira – ordem e progresso.

Os princípios positivistas dão garantia aos operadores da informação jornalística de que, como diria Comte, elimina-se a vã erudição e se constrói um relato da ordem natural das coisas. O ingrediente pragmático – ou seja, a intervenção positiva dessa construção – tem sido precioso para a discussão da cidadania e da função do jornalismo na reorganização de idéias, costumes, instituições (palavras de ordem e progresso comtianas). O apelo moral do positivismo – uma teoria da humanidade – se faz presente no desejo tão mítico na filosofia e na política quanto nas religiões, que o pensador desqualificava. Por isso mesmo, os seus contemporâneos, entre eles jornalistas, cientistas e educadores, foram sensíveis ao discurso e o dogmatizaram na metodologia operacional. E essa herança é poderosamente operante nos dias de hoje.

Sempre que o jornalista está diante do desafio de produzir notícia, reportagem e largas coberturas dos acontecimentos sociais, os princípios ou comandos mentais que conduzem a operação simbólica espelham a força da concepção de mundo positivista. Das ordens imediatas nas editorias dos meios de comunicação social às disciplinas acadêmicas do Jornalismo, reproduzem-se em práticas profissionais os dogmas propostos por Auguste Comte: a aposta na objetividade da informação, seu realismo positivo, a afirmação de dados concretos de determinado fenômeno, a precisão da linguagem. Se visitarmos os manuais de imprensa, livros didáticos da ortodoxia comunicacional, lá estarão fixados os cânones dessa filosofia, posteriormente reafirmados pela sociologia funcionalista.

As primeiras inquietudes surgem no próprio âmbito do paradigma estrutural-funcionalista. Robert Merton, por exemplo, acrescenta contradições e sutilezas ao determinismo factual dos fenômenos, na primeira metade do século XX. No volumoso tratado de sociologia que publicou em 1949 (primeira edição), Merton opõe num estilo até mesmo lúdico a tradição das abstrações hermenêuticas à mensuração precisa da pesquisa de campo. No fundo, seriam "estados atrasados" e "estados científicos", na visão de Comte. Ao discorrer sobre a sociologia do conhecimento e as comunicações de massa, Merton desliza constantemente entre a mentalidade funcionalista norte-americana e a mentalidade da erudição européia (que Comte chama de vã erudição). Para Merton (1970),

[...] acontece assim que a variante européia chega a falar de assuntos importantes de modo empiricamente discutível, ao passo que o norte-americano discute assuntos talvez banais de modo empiricamente rigoroso. O europeu imagina e o norte-americano olha; o norte-americano investiga a curto prazo e o europeu especula a longo prazo.

Embora Merton defenda o hibridismo das duas metodologias, o jornalismo brasileiro se tornou caudatário da experiência norte-americana, ou anglo-saxônica, que, por sua vez, bebeu do funcionalismo suas máximas inspirações. Estas, na corrente epistemológica, remetem-se em grande parte ao positivismo. A contribuição pragmática é, no entanto, incontestável. Que seria das narrativas da contemporaneidade se encontrássemos na mídia apenas discursos abstratos, opiniões difusas, argumentos imprecisos? A reportagem jornalística recupera a experiência humana e traz a cena viva em contraponto à abstração das idéias ou à vã erudição. Ao se firmar no terreno do fenômeno imediato, ao reunir dados precisos, ao se aproximar no tempo e no espaço do real concreto, o jornalismo expressa uma forma de conhecimento da atualidade.

Os ibéricos, após terem vivido os cerceamentos das ditaduras, caminharam pela estrada híbrida de que fala Merton ao organizarem o jornalismo democrático nos anos 1970. Jornais como *El País*, na Espanha, e *Público*, em Portugal, souberam valorizar o jornalismo informativo da tradição norte-americana e conjugá-lo com o jornalismo opinativo da tradição européia. A renovação da linguagem trouxe à erudição conceitual a narrativa da vida latente na reportagem. A cobertura do real imediato se serve das gramáticas que se disciplinaram no fim do século XIX no ambiente cientificista da modernidade ocidental. O real como objeto de conhecimento freqüenta a oficina das ciências como freqüenta a oficina jornalística. Não há diferenças substantivas entre a metodologia da pesquisa empírica nas chamadas ciências sociais e a metodologia da reportagem. As técnicas operacionais na pesquisa empírica e na reportagem estão sintonizadas com o ideário de Auguste Comte –, abstraída, é claro, a ordem hierárquica dos agrupamentos científicos. Nessa hierarquia, o conhecimento do presente fica à margem, é desqualificado.

Mas onde se situa então a arte de tecer o presente? Eis aí outro capítulo. ■

ABALOS NO EDIFÍCIO POSITIVISTA

A arte de tecer o presente ultrapassa a rígida lógica de Auguste Comte e a tradição positivista das narrativas da contemporaneidade. Os impasses e os trágicos contextos que as sociedades viveram no século XX, reforçados pelas mazelas e pelos desafios do século XXI, exigiram e exigem da reflexão e das práticas jornalísticas muito mais do que as gramáticas operantes cujos princípios derivam não só de Comte, como, no século XVII, de René Descartes. As guerras, a bomba atômica, a miséria social, as ameaças ao meio ambiente, o terrorismo, as doenças fatais e todas as pautas da contemporaneidade demandam mais as narrativas autorais densas e tensas do que as promessas da verdade simples e precisa, ideais cartesianos reescritos pelo positivismo no século XIX.

Datam da primeira metade do século passado os questionamentos à insuficiência da notícia para que uma sociedade se torne mais consciente de suas decisões históricas. Importante sublinhar que, em um país muito bem abastecido por noticiários de imprensa e rádio (e, logo em seguida, de televisão), surgem revisões da eficiência positiva do jornalismo: a sociedade norte-americana estava desinformada no que tange às circunstâncias internacionais, às vésperas de estourar a Segunda Guerra Mundial. E, por incrível que pareça, a situação se repete na crítica de analistas quanto à desinformação social por ocasião da guerra do Vietnã, no século passado, e as guerras do Iraque, nos séculos XX e XXI. Só alguns espaços de reflexão de cientistas sociais e de jornalistas vêm a público trazer fatos, balanços de dados e interpretações que acusam de erros de perspectiva no entendimento dos contextos históricos a sociedade da informação.

Entre essas guerras, no espaço de sessenta anos, mudaram as máquinas; a informatização, a telemática e a internet estreitaram os espaços geopolíticos e tornaram mais veloz o tempo do presente. Mas os avanços tecnológicos não resolveram a operação positiva da utopia evolucionista. Faltam, por exemplo, autores que articulem com precisão operante, positiva, os sentidos dispersos nas infovias. A análise das insuficiências profissionais ou institucionais e a proposta de formação dos jornalistas (freqüente nas escolas de nível superior, implantadas a partir do século XIX) não supriram a sociedade da informação (mecânica) de plena inteligência (natural).

Houve um período em que se tinha fé nas novas tecnologias. Essa ideologia, nos anos 1970-1980, pretendia enterrar as inquietudes autorais, porque a inteligência artificial dava acesso e expansão planetária à informação de atualidade. Hoje, os pesquisadores da área e os jornalistas estudiosos se dedicam cada vez mais a decifrar a complexidade dos acontecimentos, procuram de toda forma armar (ou editar) significados emergentes com seus nexos histórico-culturais, descobrem o protagonismo social onde ele era imperceptível, saem atrás de especialistas e institutos de pesquisa para diagnosticar as situações-limite. As experiências cotidianas da dor ou da alegria, dos comportamentos humanos, os espantos da crueldade – eis alguns temas que desafiam a sensibilidade, a sutileza e o sentimento incômodo das mentes abertas às incertezas.

Os quatro flancos acima citados – contexto social, protagonismo anônimo, identidade cultural/raízes históricas e diagnósticos e prognósticos especializados – compunham as pistas da arte de tecer o presente, resultado da pesquisa que desenvolvi, em parceria com Paulo Roberto Leandro, na Universidade de São Paulo nos primeiros anos da década de 1970. À época muito se falava do novo jornalismo (ou *parajournalism*) norte-americano. Foi aí que produzimos um estudo sobre a imprensa brasileira em que assinalamos essas quatro tendências de renovação da cobertura jornalística. Pretendia-se romper com os modelos de notícia estratificados na visão de mundo do fim do século XIX. *A arte de tecer o presente*, título do livro artesanal publicado em 1973, rompia com a concepção positivista de objetividade: "A distância que existe entre a realidade objetiva e a representação dessa realidade é percorrida pelo esforço de interpretação". O esforço de produção simbólica na direção de uma narrativa da contemporaneidade minimamente confiável não mais se valia da cartilha positivista, mas pesquisava outros horizontes em Marx, Nietzsche, Freud e Paul Ricoeur.

Eis um fragmento desse texto esgotado no próprio ano de publicação e nunca reeditado pelos autores: "Freud descobre um conjunto de signos, todos revelando interpretações (e não a interpretação) da realidade objetiva: um sonho, um sintoma neurótico, um mito, uma obra de arte, uma crença são formas múltiplas de interpretar". O jornalista teria, pois, a aprender com a psicanálise o método de desmistificação e articulação dos sentidos. Nietzsche acrescenta uma ferramenta mental determinada: é necessário persistir, pois o sentido das coisas consiste precisamente num conjunto de forças, de ação e reação, primárias e secundárias. (O estruturalismo se preocuparia com as relações dessas forças no conjunto estruturado.) De Nietzsche a Marx, um passo na complexidade interpretativa do real concreto: a aproximação do sentido de um fenômeno nada mais é que o aprofundamento em suas aparências. Assim, o enlace dos três, bem além do positivismo: a determinação do sentido no complexo de forças que atuam sobre o fenômeno

(Nietzsche), a decifração da essência encoberta pelas aparências (Marx) e a ressignificação dos símbolos na narrativa da contemporaneidade (Freud).

Mas de 1972-1973 a 2003, quando publiquei um novo texto, também nomeado *A arte de tecer o presente* (com o subtítulo *Narrativa e cotidiano*), ampliou-se o quadro de referências da tessitura no acontecimento social. Bem antes do primeiro livro, as marcas artísticas já faziam parte da compreensão do processo simbólico na reportagem. A saga do protagonismo social está sensivelmente representada na arte, seja na literatura, seja em expressões e códigos não-verbais. A arte de tecer o presente ou o presente tecido com arte ressignifica o cientificismo positivista do jornalismo tradicional e da autoria técnica dogmatizada nos manuais de redação que constituem as gramáticas profissionais. Ao rever o percurso de trinta anos, um dos capítulos do livro de 2003 carrega no título essa paixão pela arte: a poética da interpretação era subjacente às ferramentas da razão decifradora. Como narrar histórias de vida dos protagonistas sociais anônimos, deserdados, ocultados pelos heróis do poder estabelecido, sem o toque sensível da aventura humana?

Reencontrar a intuição criadora em meio ao arsenal racionalista tornou-se tarefa inadiável para os comunicadores, assim como para as demais áreas de conhecimento que beberam da visão e da metodologia positivistas do século XIX. A angústia se aplacava na sintonia com a poética, e a reflexão interpretativa encontrava o cordão epistemológico dos solidários na crise de paradigmas contemporânea. Era preciso enlaçar razão e emoção para que a ação transformadora desse outras respostas às demandas sociais. Na crise, a tendência é rejeitar os dogmas que pesam sobre mentes e imaginários, mas na prática profissional ou na experiência cotidiana nos valemos das certezas ideológicas, da verdade absoluta, da determinação única dos acontecimentos e da relação fiel e objetiva com eles quando se produz um relato. Aí, o sinal de alarme deve remeter não só para Auguste Comte, mas para outro precursor dogmático – *monsieur* René Descartes. ■

O ERRO DE DESCARTES, SEGUNDO DAMÁSIO

A escrita de António Damásio, baseada na neurobiologia, seduz o leitor pela simplicidade da linguagem e pela cumplicidade criada entre o mundo das idéias e o universo da experiência (relato de casos clínicos), bem como em função do respeito pelo trajeto da ciência. Suas obras oferecem uma construção modelar do discurso científico na contemporaneidade. Assim, conquista a legitimidade epistemológica ao propor revisões quanto ao lugar da razão na inteligência humana.

Só após densos relatos de casos de pacientes afetados por lesões mentais, Damásio (2003) se permite refletir no âmbito da esfera conceitual:

> *Sugeri no início do livro* [O erro de Descartes] *que os sentimentos exercem uma forte influência sobre a razão, que os sistemas cerebrais necessários aos primeiros se encontram enredados nos sistemas necessários à segunda e que os sistemas específicos estão interligados com os que regulam o corpo.*

A sustentação dessa hipótese neurobiológica provém da pesquisa empírica, e Damásio, na legítima humildade científica, não a fecha em tese, mas no processo contínuo do conhecimento posto à prova. (Quanto a isso, Descartes não errou ao propor a dúvida como caminho para chegar à verdade.) Já Damásio não se expressa por meio de verbos assertivos, prefere o modo reticente de conceituar:

> *Com efeito, os sentimentos parecem depender de um delicado sistema com múltiplos componentes que é indissociável da regulação biológica; e a razão parece, na verdade, depender de sistemas cerebrais específicos, alguns dos quais processam sentimentos. Assim, pode existir um elo, em termos anatômicos e funcionais, entre razão e sentimentos e entre esses e o corpo.*

Para cientistas disciplinados na hierarquia do conhecimento (sistematizado, entre outros, por Comte), o conceito expresso por Damásio provém do *status* de neurocientista. No entanto, ele manifesta inquietude com o enquadramento estrito de sua pesquisa. E se questiona: "No caso de essas hipóteses virem a se confirmar, haverá implicações socioculturais para a noção de que a razão não é de modo algum pura? Creio que há e que são claramente positivas". O esforço de compreensão do autor projeta a neurobiologia para a ambiência sociocultural, ampliando, a cada momento, o arsenal interrogativo das verdades incompletas ou passíveis de contestação.

Mas, afinal, em que reside o erro de Descartes? António Damásio, contrariando os cartesianos ortodoxos, inverte a ordem das coisas, ordem essa que nasce da teologia do pensador francês do século XVII: "[...] e assim resulta que nossas idéias ou noções, sendo coisas reais e provenientes de Deus em tudo que possuem de claro e distinto, só podem nisto ser verdadeiras". Ao clássico "penso, logo existo", decorrente do método para se aproximar da verdade divina, o cientista português do século XXI contrapõe:

E para nós, no presente, quando vimos ao mundo e nos desenvolvemos, começamos ainda por existir e só mais tarde pensamos. Existimos e depois pensamos e só pensamos na medida em que existimos, visto o pensamento ser, na verdade, causado por estruturas e operações do ser.

Não são muitas as páginas em que Damásio se dedica a polemizar com Descartes, mas o capítulo que dá título ao livro sintetiza a metamorfose do conhecimento contemporâneo. A quebra dos dualismos é uma das conquistas epistemológicas:

> *É esse o erro de Descartes: a separação abissal entre o corpo e a mente, entre a substância corporal, infinitamente divisível, com volume, com dimensões e com um funcionamento mecânico, de um lado, e a substância mental, indivisível, sem volume, sem dimensões e intangível, de outro; a sugestão de que o raciocínio, o juízo moral e o sofrimento adveniente da dor física ou agitação emocional poderiam existir independentemente do corpo. Especificamente: a separação das operações mais refinadas da mente, para um lado, e da estrutura e funcionamento do organismo biológico, para o outro.*

Damásio percebe como curioso e paradoxal que pesquisadores da ciência cognitiva, que se julgam capazes de investigar a mente sem recorrer à neurobiologia, não se enquadrem como dualistas. No fundo, a herança de Descartes – muito presente em Comte, apesar das especificidades de um e de outro – permanece no método científico e nas gramáticas das diversas áreas de conhecimento. Prossegue o autor:

> *A separação cartesiana pode estar também subjacente ao modo de pensar de neurocientistas que insistem em que a mente pode ser perfeitamente explicada em termos de fenômenos cerebrais, deixando de lado o resto do organismo e o meio ambiente físico e social – e,*

por conseguinte, excluindo o fato de parte do próprio ambiente ser também um produto das ações do organismo.

Voltado para a doença, a lesão cerebral, António Damásio tem um ponto de afinidade transcendente com o pensamento cartesiano. Ambos reverenciam a ética da ciência. Para Damásio, porém, devido ao contato clínico, "a alma e o espírito, em toda a sua dignidade e dimensão humana, são estados complexos e únicos de um organismo". O pensar imperfeito ou o falsear a verdade, cuja perfeição e precisão pertencem a Deus, na perspectiva de Descartes, transfigura-se na percepção contemporânea de Damásio: a fragilidade, a finitude e as singularidades humanas. Diante dessa contingência, o cientista não tem diante de si uma tarefa simples nem um método absoluto de entendimento. Outra vez o neurocientista expõe a dura oficina do pesquisador:

> [...] *tirar o espírito do seu pedestal em algum lugar não localizável e colocá-lo num lugar bem mais exato, preservando ao mesmo tempo sua dignidade e sua importância; reconhecer sua origem humilde e sua vulnerabilidade e ainda assim continuar a recorrer à sua orientação e conselho. Uma tarefa indispensável e difícil, sem dúvida, mas sem a qual talvez seja melhor que o erro de Descartes fique por corrigir.* ∎

O ERRO POR CORRIGIR,
OU AS LIÇÕES DO MÉTODO

Se o tom da escrita comtiana é seguidamente impositivo, reconhece-se nessa atitude a estirpe cartesiana. René Descartes rejeitou a classe dos doutos em sua época, isolou-se para construir "um novo edifício". Nas palavras do *Discurso do método*, "um novo edifício necessário, construído a partir de sólidos alicerces, que seriam alcançados pela elaboração de novos princípios, primeiras proposições indubitáveis". De posse desse novo método – e Descartes é incisivo, definitivo –, "os homens poderiam, doravante, seguir os passos seguros de uma sabedoria teórica e prática".

Para chegar ao teto iluminado do edifício, o filósofo migra para o monastério da reflexão extraída da interioridade da consciência, "voltada apenas para si mesma, sem entraves externos e internos, nem os oriundos dos sentidos, nem os que provêm dos preconceitos". Certo dessa estratégia de isolamento, Descartes se volta contra todo pré-conhecimento, todo pré-conceito, e mergulha no pensamento puro, uma propriedade da alma. Curioso o malabarismo mental que expressa para estabelecer princípios metodológicos que levam à aproximação da verdade, sendo que a perfeição da verdade está em Deus. Numa espécie de escuta profunda do pensamento, Descartes se mostra definitivamente confiante nas regras de sintonia com a verdade absoluta, simples e precisa das coisas do mundo e das ciências do homem.

A retidão desse caminho é percorrida por meio da ferramenta mental que se disciplina em quatro regras: a primeira estipula não aceitar como verdadeiro nada que não tenha passado pelo crivo da razão; a segunda indica a partição de tudo que aparece como complexo e exige ser dividido em tantas partes quanto possível para resolver o problema; a terceira, da simplificação partitiva ao posterior ordenamento, para que o todo complexo não sofra desvios da verdade a alcançar; a quarta estabelece o modo infinito de revisões ou verificações das verdades científicas. Quem, nas práticas profissionais da ciência ou do conhecimento da atualidade (jornalismo), pode prescindir do método cartesiano? A razão de Descartes, embora revista na contemporaneidade, subsiste com intensidade ancestral aos princípios comtianos.

Descartes acentua, porém, a razão do indivíduo e, no organismo vivo e ambiental do indivíduo, isola a consciência. Mal disfarça o egocentrismo: "Se minha obra me agradou bastante e vos mostro aqui o modelo, nem por isso quero aconselhar que a imitem". Ou o álibi: "aqueles a quem Deus concedeu suas melhores graças terão talvez propósitos mais elevados, mas receio que este já seja bastante ousado para muitos". Seria arrogante se não fosse gracioso na retórica sedutora do século XVII. O fato é que, voltando ao edifício cartesiano, a ambição de separar o falso do verdadeiro na realidade rende até hoje certezas epistemológicas e total incompreensão do processo de produção simbólica. Quem pretende ler e interpretar o real imediato, por exemplo, vale-se da máxima arrogância ao afirmar publicamente que descarta os fatos falsos para reproduzir os verdadeiros. É uma caricatura da potência individual de julgar, dividir em partes o todo do acontecimento humano e depois montar uma opinião definitiva. A quarta regra, a das verificações subseqüentes, fica relegada ao descarte na velocidade do tempo industrial ou do tempo digital.

Ainda que o indivíduo pensante fosse uma ilha e passasse a existir tão logo pensasse, o erro de Descartes, diagnosticado por Damásio, está explícito em seu discurso do método, ao desqualificar os sentidos que nos levam às ilusões. Bem mais tarde, três séculos depois, mitólogos como Mircea Eliade trariam à epistemologia contemporânea o lugar e o valor das narrativas míticas na vida inteligente. Mas o edifício cartesiano faz outro ato de confissão:

> [...] compreendi assim que eu era uma substância cuja essência ou natureza consistem apenas em pensar, e que, para ser, não tem necessidade de nenhum lugar nem depende de coisa material alguma. De modo que esse eu, isto é, a alma pela qual sou o que sou, é inteiramente distinto do corpo, sendo inclusive mais fácil de conhecer que ele, e, ainda que ele não existisse, ele não deixaria de ser tudo o que é.

Daí, deduz Descartes, a natureza inteligente é distinta da corporal. Persiste na voz corrente ocidental essa percepção: inteligente é o sujeito racional, que pensa. Acordado ou dormindo, o ser cartesiano "não deve nunca se deixar persuadir senão pela evidência de nossa razão. E convém frisar que digo de nossa razão, e não de nossa imaginação nem de nossos sentidos". Como Comte, Descartes expandiu sua imposição metodológica a todas as ciências, estava certo da universalização da crença e do método. Dos seres inanimados aos animais e, particularmente, ao homem, herdeiro único da Verdade e dos procedimentos para iluminá-la por meio da razão. Não reconheceu os limites dos doutos da época, nem tampouco os seus, e abordou coração e artérias com um entendimento mecanicista, independente da função nobre do pensar. A metáfora da fábrica – nervos e músculos do corpo humano – permaneceria nos andaimes da modernidade. Mas chegou ao extremo na cabeça pensante de René Descartes quando julga inferiores a fome, a sede e as paixões, perante a nobreza da alma. Provavelmente, a força motriz desse legado esteja associada à autoridade absolutista da superioridade do homem racional em relação aos homens que não pensam e, acima de tudo, aos demais seres vivos:

> [...] ao contrário, sabendo-se quanto diferem [refere-se aqui às moscas e formigas], compreende-se muito melhor as razões que provam que a nossa é de uma natureza inteiramente independente do corpo e, portanto, que não está de modo algum sujeita a morrer com ele; e, como não vemos nenhuma outra causa que a destrua, somos assim naturalmente levados a julgar que ela é imortal.

Descartes encerra o *Discurso do método* fiel ao itinerário desbravador que urdiu e ainda prometendo progressos metodológicos para a medicina: "[...] direi apenas que resolvi empregar o tempo que me resta tão-somente procurando adquirir algum conhecimento da natureza, que seja tal que dele se possam tirar regras para a medicina mais seguras que as adotadas até o presente [...]". ∎

O CORPO E A ALMA NAS
CÉLULAS EMBRIONÁRIAS

A velha dicotomia corpo e alma – que a epistemologia contemporânea desmonta – existe até hoje. Não fosse sua persistência em visões de tradição religiosa, a esfera das regulações jurídicas do Estado não seria compelida a discutir questões como a pesquisa científica de células-tronco embrionárias ou, bem antes da era dos debates geneticistas, a questão do aborto. As sociedades polemizam esses temas no âmbito das democracias contemporâneas. Os juristas seguem atualizando as leis nos países em que se consagrou a divisão entre a fé religiosa e o Estado laico, mas o embate da cisão corpo e alma permanece.

No Brasil, o debate se reacendeu, no caso das pesquisas com células embrionárias, após a aprovação no Congresso da Lei de Biossegurança, em 2005, e o posterior questionamento no Supremo Tribunal Federal por parte do Procurador-Geral da República Cláudio Lemos Fonteles, em 2007. O autor da ação direta de inconstitucionalidade sustenta que a vida humana acontece na fecundação e a partir dela, o que inviabilizaria a pesquisa com essas células.

No dia 5 de março de 2008, começou o julgamento dessa ação; tão logo foi proferido o primeiro voto, ao longo de uma tarde, o ministro que seria responsável pelo segundo voto pediu vistas do processo, interrompendo a seção do STF.

Se o caso não catalisasse a polêmica científica e a opinião pública sensibilizada pelas promessas terapêuticas dessa pesquisa, somente o voto do ministro Carlos Ayres Britto – que, traduzido em laudas de texto digitado, atinge o volume de oitenta páginas – marcaria uma peça histórica não apenas para o cenário brasileiro, mas também para a discussão internacional do tema. O contínuo da exaustiva leitura, aberta à sociedade pela transmissão da TV Justiça, não perde a tensão e a força argumentativa um só instante. Mas, para quem quisesse conferir, o site do jornal *O Estado de S. Paulo* publicou na íntegra, no dia seguinte, esse documento que revela não apenas consistência jurídica, como também visão interdisciplinar e, acima de tudo, sensibilidade humanística do autor.

O próprio ministro, ao concluir sua argumentação, situa conscientemente a ruptura paradigmática: "É assim ao influxo desse olhar pós-positivista sobre o Direito brasileiro, olhar conciliatório do nosso Ordenamento com os imperativos de ética humanista e justiça material, que chego à fase da definitiva prolação do meu voto". Em palavras diretas, julga totalmente improcedente a ação de inconstitucionalidade de autoria do Procurador Geral da República. O exame minucioso dessa ação não desconsidera nem a complexidade do tema nem a delicadeza ética do que está em julgamento. Ayres Britto expõe todos os desvãos da pesquisa científica para cercar de rigor a decisão da biossegurança na sociedade contemporânea. Em nenhum momento reduz as células embrionárias e sua manipulação à idéia de progresso científico. Tampouco assume a tribuna jurídica ou, com base em uma retórica cifrada e, por isso mesmo, autoritária, emite um discurso positivista.

Muito ao contrário, vale-se de consulta democrática e de escutas multidisciplinares, colhe subsídios das entidades da sociedade civil brasileira e dos especialistas para construir uma posição que associa os preceitos jurídicos, os princípios constitucionais e o pluralismo cultural. Das audiências públicas que o informaram à subjetivação poética, o texto final tanto se prende a informações positivas quanto se permite emprestar dos poetas as metáforas da transcendência da vida. Afinal, os difíceis limites entre a teologia e a ciência na questão da origem da vida não poderiam ser tratados por uma metodologia positivista ou por uma partição cartesiana. E, no entanto, a impossibilidade de estabelecer dogmas leva a argumentação do ministro a recorrer ora aos mistérios da vida, ora aos fatos precisamente incluídos nas leis do Estado de direito.

Após pesquisa empírica ("reprodução gráfica, auditiva e visual dessa tão alongada quanto substanciosa audiência pública"), Ayres Britto sistematiza duas correntes de opinião: uma é definida tecnicamente como função de autoconstitutividade progressiva, que, em síntese, baseia-se na concepção de que já existe uma criatura ou organismo humano no embrião, ou ainda uma pessoa no seu estádio de embrião, e não um embrião a caminho de ser pessoa; na outra, o embrião *in vitro* é "uma realidade do mundo do ser, algo vivo, sim, que se põe como o lógico início da vida humana, mas nem em tudo e por tudo igual ao embrião que irrompe e evolui nas entranhas de u'a mulher". No âmbito epistemológico da concepção evolucionista, a trajetória do zigoto para o estado de feto "somente alcança a dimensão das incipientes características físicas ou neurais da pessoa humana com a meticulosa colaboração do útero e do tempo".

Em um dos momentos em que a poética transcende o texto jurídico, o ministro brasileiro do STF destaca, na trajetória da formação da pessoa, o ninho que a abriga e que com ela interage: "o útero passando a liderar todo o complexo processo de gradual conformação de uma nova individualidade antropomórfica, com seus desdobramentos ético-espirituais". Ayres Britto faz a leitura sutil, intimista, da "insondável experiência afetivo-racional com o cérebro da gestante". Se avança em domínios indizíveis, nas suas palavras, tanto se vale dos conhecimentos contemporâneos da ciência quanto recorre ao recurso poético na esfera ôntica. Invoca, entre outros, o poema "Tabacaria", de Fernando Pessoa:

> *Não sou nada.*
> *Nunca serei nada.*
> *Não posso querer ser nada.*
> *À parte isso, tenho em mim*
> *todos os sonhos do mundo.*

Em meio a todas as incursões multi e transdisciplinares que o jurista contemporâneo avoca, há um lugar de destaque para a disciplina em que se formou. O tema transcendental da vida humana retorna à casa específica do Direito, acima de tudo do Direito Constitucional brasileiro. Para Ayres Britto, a intrínseca dignidade da vida em qualquer de seus estágios é a essência da lei que rege a sociedade nacional. No entanto, esse domínio, disciplinado numa robusta tradição, não poderia ficar infenso à ciência, aos avanços das últimas décadas na pesquisa de células-tronco embrionárias e às experiências em laboratório. Seu voto se encaminha, então, para o diálogo profundo com uma ciência eticamente responsável, lembrando as regulações jurídicas que a acompanham passo a passo. As biociências, assim como o Direito, se concentram, reafirma o ministro, no foco atual de "interesse da terapia celular da medicina regenerativa". Daí o pioneirismo e a consistência da Lei de Biossegurança, que foi aprovada em 2005 e três anos depois regrediu à condição *sub judice*. Defendem-se, nos meios especializados, novos ramos do conhecimento (não mais disciplinados pela hierarquia comtiana), como a bioética e o biodireito. E o texto aqui citado exemplifica a nova bibliografia desses campos de estudo.

A propósito das demandas humanas que se fizeram presentes em ambientes como o auditório do Supremo na histórica tarde de 5 de março de 2008, o voto de Ayres Britto enumera meticulosamente as patologias e traumatismos cujas vítimas projetam sua esperança na pesquisa científica com as células embrionárias: atrofias espinhais progressivas, distrofias musculares, esclerose múltipla e lateral amiotrófica, neuropatias e doenças do neurônio motor, diabetes e outras mais. Todas as informações especializadas nutrem a interpretação jurídica, mas o nó essencial se dá na adesão do que o voto intitula dimensão biográfica na célula embrionária ou no embrião aninhado no útero da mãe.

Além de todos os contornos epistemológicos e éticos da argumentação, a dimensão biográfica que o jurista defende inclui uma "história de vida incontornavelmente interativa. Múltipla e incessantemente relacional". Ao indivíduo, acrescente-se a pessoa. Indivíduo-pessoa se constitui na linha do nascimento à morte no que, no campo da comunicação social, denomino ato relacional. E é nessa relação que se constitui a personalidade civil protegida pelo Direito Constitucional. Aí o ministro nada de braçadas. Mas sua acuidade e, mais do que razão, sua sensibilidade, transcende a constitucionalidade para ler nas leis e nas intuições infraconstitucionais a elevação ética do indivíduo-pessoa que só toma corpo no interior do corpo feminino. Consciente dos perigos dessa interpretação da existência humana, Ayres Britto não deixa de citar a vedação do aborto e contrasta a jurisdição hoje firmada com o questionamento à Lei de Biossegurança.

Não se detém no tema, não é o caso, e volta à estrada principal quanto às três realidades que, para ele, não se confundem: "o embrião é o embrião, o feto é o feto e a pessoa humana é a pessoa humana". Imediatamente acrescenta que a pessoa humana não se antecipa à metamorfose dos dois outros organismos. Recorre então à erudição semântica: "O sufixo grego meta a significar, aqui, u'a mudança tal de estado que implica um ir além de si mesmo para se tornar um outro ser". Daí responder à corrente contrária: "Donde não existir pessoa humana embrionária, mas embrião de pessoa humana, passando necessariamente por essa entidade a que chamamos feto".

De maneira que, ao permanecer *in vitro*, o embrião é insuscetível de progressão reprodutiva. Somente a nidação lhe dá a condição humana em processo de interação. Mas os mistérios e limites da ciência não respondem radicalmente ao argumento que Ayres Britto chama à polêmica: o embrião conserva "pelo menos durante algum tempo, a totipotência para se diferenciar em outro tecido (inclusive neurônios) que nenhuma célula-tronco adulta parece deter". Esse o eixo "instrumental ou utilitário da Lei de Biossegurança em sede científico-terapêutica", lei essa que cerca de restrições jurídicas qualquer outra exploração e, por outro lado, reserva o direito dos pais dos embriões a autorizar ou não seu destino científico-terapêutico. Como será desatado esse nó da vida na presente discussão democrática nacional?

O fato jurídico, decifrável por inúmeros ângulos, mobiliza não apenas a racionalidade complexa como a ética solidária e a ação inovadora. Na textura da primeira habilidade, a razão complexa, Ayres Britto procura mapear as ações inovadoras que, no século passado, provocaram inúmeras mobilizações contrárias, principalmente da igreja católica. Para legislar sobre os direitos do planejamento familiar, houve uma longa batalha. E esta vem à tona no voto do ministro, quando se trata do direito subjetivo do casal exercer a liberdade tanto para planejar o número de filhos quanto para dispor de embriões em processo de procriação assistida. Tais direitos fazem parte de uma visão que se funda, como lembra o jurista, "em princípios da dignidade da pessoa humana e da paternidade responsável". Daí a fertilização *in vitro* ser "particularizado meio ou recurso científico a serviço da ampliação da família como entidade digna da especial proteção do Estado (base que é de toda a sociedade)".

Diante desse fato já consumado, os opositores da Lei de Biossegurança não têm como retroceder ao estágio anterior − a realidade dos embriões estocados. Seriam eles então destinados ao útero? Uma pergunta do ministro que esbarra (na sua inteligência perspicaz) no planejamento familiar e na paternidade responsável. Retorna-se ao ponto de partida – o destino das células embrionárias excedentes à nidação seria o da pesquisa científica autorizada pelos doadores ou o da vala comum do lixo orgânico? Congelamento na vida eterna? Parece que não é possível cientificamente, há um prazo de validade. Quem diria que as mentes e corações contemporâneos teriam, no século XXI, uma experiência tão dramática de incertezas, indecisões e angústias transcendentes. Afinal, a ciência positivista do século XIX prometia uma racionalidade que avaliaria com precisão e resolveria com clareza de princípios os problemas da humanidade. ∎

A MÁGICA SOLIDÁRIA DO ÚTERO

À racionalidade rigorosa, associada à hermenêutica erudita, Carlos Ayres Britto acresce pitadas definitivas do Direito à ternura, parafraseando o autor colombiano Luis Carlos Restrepo. A elegia à gestante "que transporta e alimenta" o feto e cria um laço de afeto que "fica para sempre com seu retrato sentimental na parede do útero". A leitura dessas digitais afetivas acentua o significado solidário da pessoa humana por oposição à solidão do indivíduo. Um alguém em relação, e não um algo em si.

É esse nexo – o ser *estar afeto a*, como o feto no útero da mãe – que dita a posterior necessidade humana de comunicação entre os integrantes de grupos, comunidades, regiões, nações, Estados e limites planetários. A solda da ação comunicativa, não importa se direta ou indireta, por meio de suportes tecnológicos, origina-se e se consuma (ou não) na ética solidária, na técnica da partilha e na poética da afetividade. O signo que acontece no processo de comunicação não se esgota nem nas intenções argumentativas da racionalidade instrumental nem na ilusão da eficiência fria das máquinas: o signo acontece na cultura da relação, e esta se alicerça no *estar afeto a*.

Na epistemologia do psiquiatra Luis Carlos Restrepo encontram-se pistas para o diagnóstico do mal que a todos contamina, ou seja, o analfabetismo afetivo, presente de forma visível na herança cultural do Ocidente. A crise dos paradigmas racionalistas põe então o dedo na ferida. No livro de título revelador – *O direito à ternura* –, o atual comissário da paz do governo colombiano reflete sobre um tema abordado nas neurociências (por exemplo, na obra de António Damásio) e igualmente caro para interpretação cultural em Restrepo: "[...] a ternura é um paradigma de convivência que deve ser adquirido no terreno do amoroso, do produtivo e do político, arrebatando, palmo a palmo, territórios em que dominam há séculos os valores da vingança, da sujeição e da conquista".

O militante colombiano da paz, sob a presidência de Álvaro Uribe, mobiliza sua teoria a respeito do analfabetismo afetivo. Seu diagnóstico sobre a atrofia de três dos sentidos humanos, que completariam a informação biológica, lembrando as hipóteses de Damásio, impede a plena prática do direito à ternura. Para Restrepo, olhamos o que queremos com um distanciamento de sujeito–objeto (digo eu) e ouvimos o que nos interessa, caso típico das declarações de fontes jornalísticas. O autor adverte, no entanto, que são os sentidos do olfato, do tato e do paladar que, com a visão e a audição, promovem-nos a seres humanos em relação. Seria esse o elo com a experiência do útero, cujos atos culminantes são o nascimento e a morte?

Mas o analfabetismo em que os indivíduos mergulham, sobretudo no período da maturidade produtivista e das ambições de poder simbólico e material, não permite o ato de viver com os cinco sentidos na integridade da inteligência humana. "Ricos e pobres, iletrados e pós-graduados, todos acabam igualmente enredados em suas relações afetivas, provocando escândalos e maus-tratos que os dilaceram numa frustrante solidão." A cognição afetiva não é, para o autor, um aprendizado nem cartesiano nem comtiano, para citar os dois autores aqui visitados. Em que momento da escolaridade formal e cultural desaprendemos a "cheirar" o real à nossa volta? "O odor não permite exterioridade nem distância", diz Restrepo. Na ausência da relação sujeito-sujeito, ocorre o utilitário e, no campo das anomalias, a crueldade no duelo destruidor sujeito-objeto. A sensibilidade mobilizada para o ato relacional passa, sem dúvida, pela aproximação tátil. O autor propõe a consciência de que, "por trás da imposição epistemológica da cultura que silencia o tátil em benefício do visual, esconde-se a tensão por gerar um sujeito capaz de mover-se no território genérico da abstração, tal como convém à racionalidade ocidental da fábrica, do exército e da política". Os exemplos vivos dessa condição de analfabetos táteis estão exemplarmente situados tanto na miséria humana quanto no divórcio homem-natureza.

A chamada crise ambiental, o fracasso dos planos de desenvolvimento, os nós górdios da ciência, da medicina e da psiquiatria, assim como as crises políticas dos últimos anos, estão relacionados com as fissuras que essa disposição cognitiva, chamada por Gianni Vattimo de pensamento, começa a apresentar. Modelo de conhecimento total e axiomático, outrora poderoso no Ocidente, hoje, porém, assaltado e confrontado por propostas que insistem em gerar um saber integrado e confrontado por propostas que insistem em gerar um saber integrado ao afetivo, aberto à singularidade e aparentado com o cotidiano.

Importante salientar o valor que Luis Carlos Restrepo atribui ao paladar na formação da sensibilidade relacional.

Torna-se imperativo aplicar à escola a epistemologia da cozinha, onde o importante não é a receita, mas o efeito sensorial que se consegue para tornar apetecível o prato. Na tradição escolar, as obsessões por maquinário, currículos, avaliações e pela dicotomia pro-

fessor e aluno sequer consideram a experiência sensorial dos quatro outros sentidos, quanto mais a do paladar. [...] Entender o ensino como uma formação da sensibilidade dá ao pedagogo o perfil de um esteta social, alguém que tem como matéria-prima o corpo, a fim de modelá-lo a partir de certa idealidade, provocando o gesto a partir da linguagem com o propósito de favorecer a emergência de sensibilidades e afeições que têm como paradigma a aproximação delicada à realidade do outro.

Como epistemólogo, Restrepo é contundente no gesto de aproximação tátil: "Ao contrário de agarrar, a carícia é uma prática de co-gestão". (Imagino a práxis do comissário da paz em meio à violência da guerrilha colombiana das Farc.)

A distância entre a violência e a ternura, tanto em seu matiz tátil como em suas modalidades cognitivas e discursivas, tem sua raiz nessa disposição do ser terno para aceitar o diferente, para aprender dele e respeitar seu caráter singular sem querer dominá-lo a partir da lógica homogênea da guerra.

Que importa se o autor escreveu essa obra em outra fase de sua vida? O traço de sua epistemologia pragmática se concretiza na atual ação política que não poupa o contraste entre o discurso de abstração teórica e as possibilidades reais de mediar conflitos na Colômbia. Quero crer que o autor não se desmente no esforço sobre-humano que vem fazendo na primeira década do século XXI.

O cotidiano em que está mergulhado dá consistência tanto ao psiquiatra quanto ao epistemólogo e ao comissário da paz. E é essa condição que o torna significativo como referência do ato cognitivo e relacional da comunicação social. Como outros pensadores da esfera inter e transdisciplinar do diálogo, saberes científicos, saberes locais, pensar transcendente e criação artística, Luis Carlos Restrepo tem um acento significativo em meio aos que não estabelecem fronteiras entre ciência e arte, assim como as demais sabedorias humanas que partilham desde sempre a intertextualidade pré-internet.

Prefiro remeter as crises de paradigmas (domínio circunscrito por Thomas Kuhn) para a angústia da percepção, os conflitos da sensibilidade no enfrentamento com os dilemas do cotidiano. Assim tem acontecido nos encontros interdisciplinares que o Projeto Plural promove desde 1990. Tende-se à interação dos cientistas em suas abstrações conceituais e metodológicas, porque confessam com humildade as incertezas. No primeiro seminário, registrado na exemplar série Novo Pacto da Ciência, pesquisadores originários de várias áreas de conhecimento (física, química, matemática, ciências da saúde, sociologia, psiquiatria-psicologia, comunicação social) pautaram uma oficina epistemológica bem distinta da visão de mundo do século XIX. Em todas as ciências e metodologias disciplinares consagradas, ocorrem crises paradigmáticas que abalam a inércia mental. ∎

PARADIGMAS QUE A TODOS INQUIETAM

Perante os desatinos do mal não há sossego para a racionalidade científica, quer ele se apóie nas disfunções biológicas quer migre do organismo humano para as mazelas dos sistemas sociais. Essa dicotomia não dá conta da perplexidade e da impotência diante, por exemplo, do infanticídio em certas culturas indígenas brasileiras. O jornal *Folha de S.Paulo* publicou reportagem de Ana Paula Boni sobre o tema em 6 de abril de 2008, relatando a polêmica entre o Estado de Direito e cerca de vinte das estimadas duzentas culturas em que a tradição indígena condena à morte gêmeos, bebês que nascem com algum tipo de anormalidade e filhos de mães solteiras. Para antropólogos e governantes responsáveis por políticas indigenistas, põe-se o dilema de tais práticas se confrontarem com os direitos humanos.

Posteriormente à declaração dos enciclopedistas, a antropologia percorreu um caminho, no século XIX, que veio a questionar o pressuposto arrogante da hierarquia de culturas superiores e culturas inferiores. E, ao se defrontar com os diferentes, sobretudo da Ásia ou da África, passou a defender o relativismo cultural. Esse avanço do reconhecimento do outro, se aplacou a consciência dos cientistas bem situados nas potências imperiais, não bastou para esconder as relações de poder e dominação na geopolítica das nações. A variável das sobreposições pelo poder bélico, econômico e político sacudiu o paradigma do relativismo. Já na segunda metade do século passado, alguns geneticistas pretenderam atribuir um grau de adiantamento ou atraso às condições biológicas. Mas e as patologias que se manifestam nos crimes hediondos ou até mesmo no impulso para matar que justifica guerras fratricidas?

Nesse caldo de argumentos científicos que perseguem causas objetivas, comparece a psicanálise para perscrutar a subjetividade humana. Por sua vez, no domínio das ciências sociais, as teorias da cultura e da comunicação social ampliaram a tradição antropológica. Ao longo do século XX, o embate dicotômico – genética *versus* cultura – ora pendeu para um lado, ora para outro. Mas, quando todos deparam com o inexplicável – como a tortura de uma criança, o assassinato de uma menina de 5 anos, jogada pela janela do sexto andar de um prédio, ou a condenação à morte de bebês índios gêmeos porque se acredita que eles trarão a maldição para a comunidade –, como refletir cientificamente sobre as causas dessas trágicas anomalias?

No caso específico das culturas indígenas, o debate racional suscitado oscila entre dois pólos: ou adotamos princípios éticos universais ou aceitamos o relativismo cultural. Assim se postaram as fontes especializadas ouvidas pela referida reportagem da *Folha de S.Paulo*. Afinal, as afirmações a favor e contra esta ou aquela situação preenchem os quesitos técnicos do reducionismo positivo. Mas a página do jornal, nessa edição de domingo, traz a perturbadora foto de um irmãozinho que escapou da sentença fatal porque o pai fugiu com ele da comunidade do Xingu e foi buscar proteção em terras brasileiras contíguas reguladas pelos direitos humanos – o que não aconteceu com seu gêmeo. Diante do menino, ainda bebê, no colo do pai, segurando um cajado entre dedos rechonchudos, quem pode perder tempo e elaborar as retóricas do relativismo cultural ou da universalidade ética?

A revista *Veja* não considerou esse caso, mas reuniu outras tantas manifestações do mal num ensaio jornalístico assinado por Jerônimo Teixeira, na edição de 9 de abril de 2008, a propósito do assassinato da menina Isabella em São Paulo, em março. A comoção que o caso espalhou pelo Brasil justifica a edição especial. Sob o título "Quando o mal triunfa", o autor desliza contrafeito de caso a caso, sem aquelas respostas definitivas e "didáticas" muito ao gosto dos jornalistas. No entanto, esse paradigma positivista se manifesta de forma tão inquieta no autor da matéria quanto nos diagnósticos que os especialistas "declaram" à revista nessa via-crúcis do mal. Ao ensaiar a recomposição de um histórico no pensamento ocidental, o jornalista vai ao cristianismo que aprofundou essa noção do mal, cita a negação do estoicismo na filosofia greco-latina, aponta para a dimensão laica fixada por Kant e incorpora a concepção do pensador Denis Lerrer Rosenfield, da Universidade Federal do Rio Grande do Sul, para quem "o mal é toda ação voltada para eliminar as condições de uma existência racional". Será assim tão razoável a explicação?

No parágrafo seguinte, Jerônimo Teixeira apela para a arte e sublinha o fato de os artistas de todos os tempos exorcizarem o mal em seus diabólicos personagens. E destaca o que é mais terrível: a empatia que esses heróis malignos despertam na sociedade. A mídia contemporânea exploraria esse fascínio que sentimos diante da imagem, da notícia, da narrativa dos monstros que vivem perto de nós ou de nós se aproximam pelos meios de comunicação? A reportagem-ensaio termina tão contrafeita como começou, sob o título "Quando o mal triunfa". Em contraponto ao diagnóstico racionalista, o filósofo e teólogo Luiz Felipe Pondé é chamado ao coral de vozes e traz outro significado: "A razão não explica tudo. Há uma dimensão monstruosa no ser humano que parece não fazer sentido. E é preciso respeitá-la". Ao que o jornalista acrescenta: "respeito, nesse caso, não se confunde com amor: é a distância que se guarda em relação àquilo que pode nos aniquilar". ■

PASCAL NO SÉCULO XXI

Enquanto Descartes se consagraria pela máxima "penso, logo existo", seu contemporâneo Blaise Pascal expressava outra concepção no século XVII, "o coração tem suas razões, que a razão não conhece: sabe-se isso em mil coisas". Descartes admiraria o jovem Pascal tão logo este despontou como brilhante matemático que postulava os fundamentos da geometria euclidiana. O tratado que escreveu aos 16 anos de idade suscitou o espanto da inteligência cartesiana. Parecia-lhe que Blaise seria, filosoficamente, a comprovação da doutrina racionalista já madura no pensamento de René. No entanto, as circunstâncias alteram o destino: enquanto a razão se esforça por sistematizar a experiência humana, o aleatório da vida subverte a ordem prescrita.

Pascal foi vítima de um acidente na ponte de Neuilly, em Paris, e começou a sofrer alucinações. No perfil que antecede a versão em português dos *Pensamentos*, o tradutor e comentarista Paulo M. Oliveira introduz essa passagem da vida de Pascal que, em princípio, situaria sua guinada para a transcendência religiosa. A rede dos mistérios não disciplinados pela razão seduz Pascal e o distancia dos alicerces cartesianos: a última tentativa da razão é reconhecer que há uma infinidade de coisas que a ultrapassam. Desaparecem, na reflexão do autor de *Pensées*, os laivos arrogantes do autor do *Discurso do método*. "Que é um homem no infinito?", pergunta Pascal na sua angústia religiosa (cristã, por convicção). Tal questionamento comungaria com a utopia ambientalista contemporânea: que o homem, tendo voltado a si, considere o que é em relação ao que existe; que se considere perdido nesse cantão da natureza; e que, desse pequeno cárcere em que se acha instalado e de onde entende o universo, aprenda a estimar a terra, os reinos, as cidades e a si mesmo segundo o seu justo valor.

Não só os ambientalistas têm esse ponto de contato com o pensador do século XVII, mas também neurocientistas como António Damásio. Corpo e mente divididos por Descartes se unem em Pascal: nossa inteligência ocupa, na ordem das coisas inteligíveis, a mesma ordem que nosso corpo na extensão da natureza. Esse ato relacional define também a reflexão contemporânea sobre a comunicação social. O pensador, na sua intuição sintética, reconhece que o homem tem relação com tudo que conhece. E mais: tem necessidade de lugar para contê-lo, de tempo para durar, de movimento para viver, de elementos para compô-lo, de calor e alimentos para se nutrir, de ar para respirar. Vê a luz, sente os corpos; enfim, tudo cai sob a sua aliança. Este, um significado de sábia profundidade – vivemos sob aliança, um elo comunicacional ou o signo da relação.

Contudo, a cumplicidade solidária (aliança) dos seres e do mundo que os contém é corroída, na hipótese mais branda, por vaidade e arrogância. Do interior do claustro, Pascal abre o coração: somos tão presunçosos que desejaríamos ser conhecidos em toda a Terra, até pelas pessoas que vierem quando nela não estivermos mais; e somos tão vãos que a estima de cinco ou seis pessoas que nos cercam nos diverte e nos contenta. Eis a quebra da aliança universal. Como desencadear um fluxo da relação pluralista se a aliança se restringe ao círculo do poder e das vaidades?

A leitura crítica dos cerceamentos contemporâneos ao direito à informação e a mediação autoral do signo da relação encontram aí a atrofia dialógica. As sociedades, os grupos, os Estados, as regiões e os indivíduos vivem existencial, econômica, política e socialmente a presunção discriminadora do poder e impedem a polifonia e polissemia democráticas. Numa gradação menos agressiva, esse é o mal da comunicação. Mas esse mal, aparentemente menos aberrante do que aquele abordado no capítulo anterior, pode levar ao mal culminante das guerras, da miséria, da condenação hierárquica da subcidadania e da escravatura.

Pascal surpreende, no século XVII, bem antes da bomba atômica, ao afrontar a euforia da razão: o homem não é senão um sujeito cheio de erro natural e indelével sem a graça. Nada lhe mostra a verdade; tudo o engana. Esses dois princípios de verdade, a razão e os sentidos, além de não terem sinceridade, se enganam reciprocamente. Os sentidos enganam a razão com falsas aparências; e até essa balela que impingem à razão recebem dela, por sua vez. Ela se vinga: as paixões da alma perturbam os sentidos e lhes causam impressões falsas: mentem e se enganam mutuamente. Apesar desse diagnóstico, o filósofo não destrói o caminho que os antecedentes ocidentais percorreram, admira a simplicidade de Platão e Aristóteles, mas não tem a pretensão de firmar uma gramática científica do bem pensar. Prefere os estilhaços intuitivo-sintéticos do sentirpensar. No fundo, porém, há uma coerência que o une àqueles: a inquietude da experiência vital e a busca dos elos que presentifiquem a aliança universal.

Aliás, é também a presentificação (que o corretor ortográfico do processador de textos do computador insiste em grafar em vermelho) que dá sentido à comunicação social. Os conteúdos desse fenômeno, que na contemporaneidade adquiriu um estatuto técnico-científico e um estatuto político nas sociedades planetárias, caracterizam-se por articular nexos simbólicos do presente. É na cena presentificada que marcamos ou obstruímos as digitais de nossa aliança com o mundo. As mediações-autorais da comunicação só têm sentido se derem conta da representação dos acontecimentos que nos são contemporâneos. Por isso a essência simbólica da comunicação social se expressa nas narrativas da contemporaneidade.

Pois bem, mais uma vez recorremos à sensibilidade de Blaise Pascal. A fuga do presente é um desses estratagemas para sonegar a relação, a aliança com o mundo. Não ficamos nunca no tempo presente. Antecipamos o futuro como demasiado lento para vir, como para apressar o seu curso; recordamos o passado para pará-lo, como demasiado pronto: tão imprudentes que erramos nos tempos que não são nossos e não pensamos somente no que nos pertence; e tão vãos que sonhamos com os que não são mais nada e evitamos sem reflexão o único que subsiste. É que o presente, de ordinário, nos fere. Ocultamo-lo à nossa vista, porque nos aflige; e, se nos é agradável, arrependemo-nos de vê-lo escapar. Tratamos de sustentá-lo pelo futuro e pensamos em dispor as coisas que não estão em nosso poder para um tempo que não temos nenhuma certeza de alcançar.

Na formação de um comunicador social, esse pensamento de Pascal bem poderia dar sutileza às discussões técnicas que conceituam a notícia. ■

A SUTILEZA DA OPERAÇÃO NOTICIOSA

Todo este exercício de interlocução com pensadores de várias disciplinas do conhecimento conflui para a transdisciplinaridade.

A compreensão dos limites da razão, seja pelo lado instrumental para atingir eficiência técnica, seja pela virtualidade ética para controlar a desrazão, está sempre presentificada nas circunstâncias trágicas do monstro que não foi domado. Entre os muitos casos de violência, essa reflexão veio à tona na busca desesperada do(s) assassino(s) da menina Isabella Nardoni, de 5 anos, em 29 de março de 2008. Os fatos perseguidos passo a passo pelos meios de comunicação e o comportamento obsessivo relativo a todas as instâncias investigativas não deu aos profissionais da informação nem a segurança imediata para compreender nem os dados precisos e objetivos do crime.

Na voz do escritor, filósofo e psicólogo Luiz Alfredo Garcia-Roza, entrevistado pela jornalista Mônica Manir na edição de *O Estado de S. Paulo* de 13 de abril de 2008, "a essência de todo o crime permanece irrevelada". Como professor da Universidade

Federal do Rio de Janeiro imerso na prática literária do romance, Garcia-Roza partilha essa compreensão sutil que se apóia na trama complexa da realidade. "O crime ultrapassa, e muito, o ato pelo qual uma pessoa matou outra. O assassinato, assim como o suicídio, é uma significação. Não pode ser reduzido a um comportamento." Para ele,

> a cena do crime é uma realidade complexa, formada de uma pluralidade de signos que nos remetem a outra cena, cujos significados não são evidentes, mesmo que se descubra quem deu o tiro. O que levou o assassino a cometer o crime pode nos conduzir a uma trama complexa de motivos, conscientes e inconscientes, impossível de ser revelada integralmente.

Nem vale a pena entrar pela vereda consagrada da epistemologia da complexidade, domínio teórico e batalha argumentativa de Edgar Morin. No entanto, quando o jornalista depara com um estudioso da psiquê humana, pede-lhe com insistência que explique as motivações de um crime que ceifou a vida de Isabella. "O crime contra uma criança não é explicável, tampouco justificável. O que podemos dizer é que o criminoso, nesse caso, ultrapassou o limite da razão e procedeu segundo uma lógica perversa, para além do prazer, uma lógica do mal pelo mal." Garcia-Roza volta a insistir, na entrevista, no fato de que a leitura epidérmica do ato não leva em consideração a significação: "Não é um problema a ser resolvido, mas um enigma a ser decifrado". (Diria, em complementação, sem garantia de êxito.) Parece, então, que o filósofo fala diretamente aos jornalistas:

> Não é possível reduzir o problema a idéias claras e distintas do cartesianismo ou do racionalismo cientificista. O enigma possui uma opacidade que lhe é essencial. A verdade não é toda luminosa e transparente, ela também é feita de sombra, e essa sombra não é um defeito, algo a ser eliminado em nome da transparência da

razão, mas lhe é essencial. Verdade e engano são complementares, e não excludentes. É nessa região de sombra do enigma que reside a ambigüidade essencial que torna impossível a univocidade da verdade e a interpretação total ou definitiva do enigma.

Na mesma edição de *O Estado de S. Paulo*, em página inteira, anuncia-se um novo programa jornalístico da TV Bandeirantes, o *Jornal da Noite*, com Boris Casoy, que propõe acima de tudo a verdade. O artigo definido "a" reafirma o princípio positivista da verdade absoluta. Ou seja, o marketing das empresas de comunicação não se dá conta da crise do paradigma que postula a univocidade da verdade. Os profissionais atravessaram o século XX e ingressaram no novo século vendendo essa platitude para a sociedade. Mesmo os mais sofisticados, que professam o jornalismo investigativo, pavimentam as técnicas de trabalho com o duro cimento da busca objetiva da verdade. Nem sequer consideram as sombras, as rugosidades e a ambigüidade tanto no acontecimento social quanto na experiência dos protagonistas no cotidiano.

Em cada nova situação que ultrapassa os limites consagrados da razão, por mais que ouçam aqueles que se interrogam e não apenas os que afirmam com precisão e clareza, os jornalistas apresentam um déficit de entendimento da trama complexa do presente. O tema da compreensão, abordagem central do pesquisador Dimas Kunsch (2000), desafia as fronteiras ortodoxas da razão analítica, esse instrumento mental que pretende explicar o acontecimento humano sem contextualizá-lo na sociedade e na história, sem interpretá-lo com relação às circunstâncias ambientais. Sociedade, cultura e mito, condições biológicas e ecossistêmicas, indivíduo e relação de alteridade que o transcende – eis uma complicada trama para a compreensão. Nem mesmo a tradição mais dura da imparcialidade racional consegue manter o controle do distanciamento perante os abalos sísmicos do modelo civilizatório, simbolizado pelo lema "ordem e progresso".

Relembrando o caso paradigmático da tragédia que vitimou a menina Isabella Nardoni, surgiram, em meio ao terremoto de emoções (incontroláveis), sintomas explícitos da crise do paradigma jurídico. Ao incluir no discurso técnico uma compreensão do sujeito juiz, no lugar de informações objetivamente situadas em provas, a justiça superou a investigação sujeito-objeto para assumir a relação sujeito-sujeito. A defesa dos réus denunciados pela polícia contestou tanto o inquérito policial quanto o promotor que aceitou a denúncia e o pedido de prisão preventiva de Alexandre Nardoni (o pai de Isabella) e Anna Carolina Jatobá (a madrasta). Logo a seguir, a sentença que negou o *habeas corpus* (o direito de esperar em liberdade o andamento do processo) ao casal utilizou na argumentação a semântica já partilhada na sociedade brasileira: crueldade e ausência total de generosidade.

Os advogados de defesa, na via-crúcis inerente ao processo judicial, entraram no Supremo Tribunal Federal com novo pedido, e outra vez o juiz, em tempo recorde, negou o *habeas corpus* e reforçou a mesma argumentação atravessada pela emoção solidária e a sintonia da Justiça com o sentimento coletivo. As posteriores etapas jurídicas não reescreveriam este laço indissociável: sociedade, ciências jurídicas e comunicação coletiva.

Por mais que os arautos da tradição positivista reclamem nas tribunas do meio jurídico ou na mídia, esse ato relacional traz à tona uma visão de mundo e práticas democráticas que se confrontam com o conceito rígido de explicar e divulgar objetivamente os acontecimentos humanos. Nesse caso dramático – como, aliás, na experiência cotidiana –, a sensibilidade afetiva pode ou não despertar uma racionalidade analítica, complexa, que, por sua vez, produz a ação transformadora. O domínio do processo interativo entre emoção, razão e ação acontece intersujeitos, e não mais na ilusão cientificista sujeito-objeto. Na solda da intersubjetividade aflora o tão misterioso quanto real sentimento coletivo. Esse fluxo relacional é anterior aos meios de comunicação social e à internet, embora as mídias impressas, eletrônicas e digitais possam servir – ou não – à eficiência da interatividade.

No que se refere aos acontecimentos contemporâneos, a tecnologia desenvolve ferramentas cada vez mais operantes para estreitar os espaços, eliminar distâncias intransponíveis e oferecer ambientes eletrônicos e virtuais para que, em tempo acelerado, concretize-se a intertextualidade humana. Já na experiência do contato interpessoal, com ou sem instrumentos midiáticos, a comunicação não é determinada pelas condições materiais. Muito pesa o mistério dos afetos, transcendente às regulações sociais ou ao controle dos códigos de ética. Em qualquer agrupamento, de duas pessoas às multidões, o signo da relação acontece para além da ação argumentativa ou acessibilidade tecnológica.

Para os críticos ortodoxos da indústria cultural (ou cultura industrializada), para os neopatas da era digital e para os que negam a construção social dos sentidos, persiste a incompreensão da arte de tecer o presente na rede do imaginário. Tudo que foge ao estritamente controlável – informações numéricas, mensurações e descrições do real concreto que se confundem exclusivamente com os dados econômico-financeiros –, tudo que é passível de uma explicação descritiva satisfaz os esquemas regulares do jornalismo. Como se a narrativa que reencena a saga do outro e o mundo que o contém se esgotasse nesses dados objetivos. Essas práticas mais uma vez sublinham a herança comtiana. Resta então o reduto da arte, onde se manifestam o invisível, o impalpável, o imaginário da luta cotidiana.

Seria essa esfera arquetípica expurgada da narrativa científica e da narrativa cuja referência é a realidade contemporânea? Como ler e transformar essa realidade sem a compreensão dos sujeitos da cidadania, cuja esfericidade inclui o desejo implícito de outra história? Persistem as utopias de ordem e progresso, dignidade e alegria, justiça e equanimidade, democracia e respeito ao meio ambiente. Na essência, são valores que se somam em todas as correntes filosóficas, nas teorias antropossociais, biológicas ou comunicacionais. As metodologias, no entanto, são passíveis de questionamento nas sucessivas crises de paradigma e de visão de mundo. Hoje, a epistemologia relacional sujeito-sujeito desconstrói a operação mental da epistemologia positivista sujeito-objeto. O método defendido por Descartes e relido por Comte exige um reexame para novas práticas do signo da relação, da intersubjetividade, da dialogia. ■

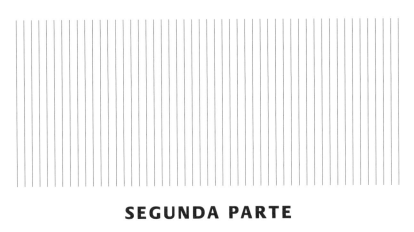

SEGUNDA PARTE

DIÁLOGO POSSÍVEL, RELATO DE UMA EXPERIÊNCIA

A PRÁTICA DA INTERAÇÃO SOCIAL

Nos livros mais recentes que publiquei, partilhei com os leitores – que, tenho esperança, ampliam os sentidos desta autoria – narrativas em que o embate epistemológico aqui revisado se dá no plano da ação literária. Se, como percebo, a produção simbólica representa um esforço coletivo de expressar um cosmos diante do caos da realidade, as narrativas da contemporaneidade se alinham à narrativa histórica, à narrativa da ciência, das artes e das mitologias. O jornalismo, como fenômeno social, tem sido portador da experiência de longo fôlego na arte de tecer o presente. A par de todas as regulações técnicas, éticas e estéticas, essa consagrada narrativa da contemporaneidade aflora ganhos e perdas na dialogia social. Não há gramática positivo operante que dê segurança ao ato relacional. Nem há evolução tecnológica que ofereça nos dias de hoje a interatividade democrática para todos os cidadãos. Tampouco há a necessária sensibilidade para contrapor o direito à ternura ao ódio dos assassinos. Somos humildes aprendizes do diálogo possível.

Em certos momentos, o profissional, mesmo sendo um experiente técnico, é posto à prova no acontecimento imediato, cujos protagonistas humanos vivem situações-limite. A consciência racional, o traquejo especializado e a persistência na ação não são as únicas ferramentas para o trabalho disciplinado. O repórter, nessas circunstâncias, precisa do silêncio subjetivo, dos sinais dos cinco sentidos e da despoluição da consciência para a escuta da intuição criadora. Daí advêm gestos solidários que se consumam na interação social. O Eu e o Tu se encontram em dialogia. Sem mais, segue-se um relato de experiência.

SOBREVIVENTE PEDE O FIM DA MALDADE

Diário de campo, 1985. Cobertura Mengele, trabalho no jornal *O Estado de S. Paulo*, sou repórter especial, pedem-me, na editoria de Geral, que suspenda o que estou fazendo e dê uma mão aos repórteres que atuam no grande tema do momento – a identificação do nazista morto e enterrado no Brasil. Destacam-me, às 14 horas, para localizar um sobrevivente de campo de concentração. O perfil é para hoje, devo fechar a matéria até as 20 horas.

Recorro a meu repertório humano (amigos), acumulado em quinze anos de São Paulo. Paro uns segundos e penso: meus amigos judeus. São muitos, com profissões, poder aquisitivo e níveis intelectuais variados. Entre tantas opções, decido por uma fonte de informação que pode me assessorar: uma brilhante professora de História, minha ex-aluna de Jornalismo na ECA no início dos anos 1970. Não falha: amiga e profissional competente, me indica três judeus sobreviventes de campo de concentração, em apenas meia hora de consultas. Acerto, por telefone, com a pessoa disponível. (Não foi fácil. Naquelas circunstâncias de 1985, em que a imprensa vasculhava a intimidade, as pessoas fugiam, recusavam-se a mexer nas feridas.) Com certa habilidade, por telefone, acertamos o contato.

Às 17 horas, aporto, com o fotógrafo e o motorista do jornal, em Higienópolis. Deixo os dois de plantão no carro e subo ao apartamento de dona Bela Lukower, para o que der e vier. Deu e veio. Em uma hora e meia, o encontro fecunda. Com dificuldades aparentemente intransponíveis, a batalha – na subjetividade daquela senhora – se define: obtenho o sim ao depoimento. Entre silenciar ou mexer na área mais frágil de sua vida, Bela assume os riscos pessoais em função do dever histórico. Entra, o mais fundo possível, naquele momento decisivo. "Viver é muito perigoso", diz Guimarães Rosa. Dona Bela não se furtou a viver e a tocar nos terríveis fantasmas.

A última etapa do trabalho é a fotografia:

— Para dar credibilidade ao depoimento, para provar que a senhora existe. Não posso falar de uma personagem que eu poderia inventar. Entenda, dona Bela, é preciso dar ao leitor o registro visual de sua presença, tão significativa, que diz coisas tão importantes quanto as que a senhora disse. Não se preocupe, não há nenhum risco de sensacionalismo. Meu trabalho pretende ser sério, quero respeitar seus sentimentos e não vou forçar nada. Mas é preciso, se não quem vai acreditar que efetivamente estive aqui? (Seria longo demais relatar os lances da luta.)

Em um instante luminoso, desses que se perseguem na vida profissional e raramente acontecem, a decisão de dona Bela: está certo, você me derrotou, pode deixar subir o fotógrafo. Você é muito convincente, eu não quero, mas entendo sua argumentação.

E então a pauta se fez narrativa. Entrego-a às 20h30, prontos o texto e as fotos. O editor de Geral fecha a matéria e, no outro dia, aparece na última página de *O Estado*: "Sobrevivente pede o fim da maldade".

Com estes acontecimentos em São Paulo, todos nós – judeus – voltamos a viver como se não tivessem passado quarenta, quarenta e dois, quarenta e três anos. Está tudo tão dolorosamente vivo como se fosse hoje. O sentimento que se apossa de Bela Lukower, que saiu de um campo de concentração da Polônia em 1945, se generaliza entre os que sofreram os horrores do nazismo. A discussão sobre a presença de Mengele fez vir à tona fantasmas que nunca foram enterrados. E é por causa dessa chaga que muitas vítimas se negam a prestar depoimento, a se deixar fotografar. Chega a ser desumano mexer nesse domínio privado e intraduzível da dor.

Depois de muito relutar, só concedo falar porque se trata de O Estado, um jornal liberal que sempre assumiu posições maravilhosas em relação ao nosso povo. Bela Lukower insiste, não é possível expressar tudo que sofreu, tudo que viu sofrer. (Há muitos anos não consegue chorar, mas agora, ao tentar trazer à tona certos episódios, a voz embarga, o soluço interrompe a frase e não consegue conter as lágrimas.) Mas Bela tem plena consciência de que o momento exige não o desabafo, o ódio, e sim o alerta. Há, dentro da gente, uma grande necessidade de clamar pela justiça, a bem da humanidade, a bem de todos os que estão nascendo e têm o direito de viver livres, dentro dos seus credos, de suas tradições...

Vem-lhe imediatamente à memória seu irmão, um menino cujo talento precoce para o violino fez que o Ministério da Cultura da Polônia lhe concedesse uma bolsa de estudos em Varsóvia. Numa das trágicas noites vividas na praça principal de sua cidade, Zwoleń, onde todos os judeus eram convocados a comparecer pelos alemães, separaram uma leva de 16 a 60 anos, o irmão do meio, e lá se foram para o campo de concentração Skarzysko. O pequeno músico, promessa já visível, foi trabalhar em uma seção química, no fabrico da pólvora. Adoeceu, envenenado, foi recolhido da enfermaria e morto. 1942: aquela criança que nem começara a viver morreu cruelmente. Assim perdi meu irmão, o primeiro da minha família, que seria totalmente destruída.

É preciso tomar fôlego. Bela volta a se sentir incapaz de prosseguir a narração. Afinal, o que realmente interessa saber? Só as pessoas que lá estavam podem perceber a dimensão de tudo isso. Nunca ninguém no mundo poderá dar sentido e fazer que os outros sintam tudo que aconteceu. De repente, Bela acrescenta um fato inesquecível. Outra das noites trágicas: um SS alemão entrou no gueto onde morava com os pais, o irmão (isso foi antes de o levarem) e a irmã, uma tia e o filho desta tia. O policial escolheu o menino, seu primo. Pegou nele, tinha 13 anos, levou-o ao quintal e ali o matou. O sangue se espalhou pelos muros e janela. Antes de sair, deixou um recado: enterrem imediatamente, aí no quintal, senão amanhã volto e mato o resto de vocês. Bela e toda a família viram o pai enterrar o menino no quintal, fazer uma cova e ali depositar o sobrinho. Por tudo isso, é preciso fazer justiça. E olhe que não foi só o povo judaico, não. Foram seis milhões de judeus, mas trinta milhões ao todo os que os nazistas mataram. Freiras, padres, intelectuais, principalmente estes que são sempre os mais conscientes, mais críticos, e os nazistas só queriam os adeptos fanáticos. Vi, na minha cidade, nessa mesma praça, obrigarem rapazes judeus a levarem padres para serem enforcados em postes de telefone.

Bela adquire uma expressão enfática, quase dura, ao frisar que eles executaram tudo com naturalidade. Nunca percebeu um só sinal de consciência humana, um segundo de remorso pelo que estavam fazendo. Isso sem exceção. Se ela e sua irmã (também residente em São Paulo, mas que não se sente em condições de falar, tal a náusea que o tema lhe causa) resistiram, talvez tenha sido um milagre. Também elas ainda não tinham começado a viver e foram levadas para o mesmo campo de concentração onde o irmão foi fuzilado. (Os pais e o resto da família morreram todos em outra parte da Polônia.) Adolescentes, as meninas caíram também na fábrica de munições, e Bela se arrepia ao lembrar que se a bala não saísse perfeita da fôrma o castigo, que ela também sofreu, era apanhar com chicote de extremidades de ferro diante da responsável pela seção, que presenciava o sádico espetáculo executado por alguém que comandava.

Quem poderá explicar o milagre da sobrevivência, da libertação? Foram três anos em que não vimos leite, açúcar, carne. Davam-nos uma refeição de repolho cheio de minhocas. Em 1945, ao ser libertada, devia estar com uns trinta quilos. Não sei. Doze horas de trabalho na fábrica e o terror das noites sem luz alguma. Numa delas, ouvimos o choro de criança nascendo, havia uma mulher grávida em nosso barraco. Fomos ver. A vigia que ajudou a criança a vir ao mundo pegou um travesseiro, sentou em cima, matou-a ali mesmo. Mas uma das noites foi de luz, ainda que com medo. Anunciou-se o fim do corredor da morte desses três anos. Os russos chegavam, os alemães abandonavam o campo de concentração e levavam grande parte dos prisioneiros em trens para a Alemanha. Bela e sua irmã ficaram no campo, que, diziam, estava todo minado. Mas, de repente, os clarões que se viram eram dos libertadores.

Bela se casou com um polonês que lutou contra os nazistas na Lituânia, foram para a Itália como refugiados e terminaram no Brasil em 1947. São Paulo, precisamente. Aqui é sua pátria. Ama a liberdade deste país e todos os que lutam contra a injustiça. Quer que seu depoimento sirva para o bem, confia na humanidade e espera, com fervor, que se consiga, um dia, inverter o mal. Seu alerta dirige-se a todo aquele que possa ajudar a achar esse homem, um dos piores da História, e também para que os que o protegem ou protegeram (a ele e aos demais) sejam julgados por alimentarem esse foco de maldade.

AFETOS DO SEGUNDO TEMPO

Diário de campo. Em 1985, fiz o possível na precariedade do dia-a-dia. Ficou a frustração da superfície atingida, sob pressão do tempo, sob pressão do espaço (não ultrapassar 120 linhas de texto ainda na era da máquina de escrever). Mas, em 1986, um impulso inconsciente – o encontro entre o Eu e o Tu – me conduz, outra vez, à casa de dona Bela.

O aprofundamento não é fácil para ambas as partes. Para mim, como justificar outra e maior invasão na privacidade? Para ela, por que se expor a novos e mais perigosos riscos, ainda que já confie em mim por ter aprovado o trabalho em 1985? As gestões telefônicas entram em novo e delicado encaminhamento. Mas triunfa a sensibilidade de Bela Lukower, uma pessoa simples e profunda do anonimato paulistano de Higienópolis. Assim aconteceu no primeiro momento, quando foi aleatoriamente escolhida como fonte de informação numa determinada cobertura jornalística.

Mais perto do invisível

Chego à rua Sergipe, a dois passos da praça Buenos Aires, e me sinto bem recebida no amplo apartamento, decorado com a sobriedade de um gosto europeu, polonês. Móveis de linhas ascetas, estofados acolhedores, algumas obras de arte e lustres que nos levam aos anos 1950 do Brasil, 1940 da Europa. Dona Bela, afetiva, receptiva, elogia minha chegada pelo vestuário, você é muito elegante, elegância européia. Penso: são seus olhos simpáticos, que já me aceitam por inteiro. Conversamos sobre tudo, sobre nada. O calor de São Paulo, a umidade, o bairro, trocamos entusiasmos sobre Higienópolis, as ruas em que todos se misturam, estar à vontade por aí. Nos aproximamos dos costumes, do jeito de ser das pessoas... Dona Bela fica mais concentrada, os olhos se aprofundam: o ser humano, hoje, tem uma pretensão muito grande. Num tempo antigo, não sei me expressar muito bem, não sei se meu português é claro, a morte, entende?, era afastada das crianças, se escondia a morte, porque havia uma distância muito grande entre a vida e a morte. Hoje, não. Há uma ansiedade tão grande na existência que se passa por cima da morte de qualquer animal de estimação. Conto-lhe um caso: fui a um casamento e uma amiga, viúva como eu, mas muito frágil fisicamente, esteve também nesse casamento e morreu ali, na Igreja. O filho, filho único, entende, você entende?, assimilou aquela morte com a maior facilidade. É assim: as pessoas morrem, tudo muito natural, continuamos a viver como se nada tivesse acontecido.

Na minha infância nós vivíamos mais os sentimentos. Tenho essa impressão. Cada membro da família tinha seu lugar e todos nos uníamos. Acho que o que nos unia eram os princípios morais, decerto por trás estavam princípios religiosos. (Nós não éramos judeus muito religiosos, talvez minha mãe um pouco, sim, mas meu pai não.) Você me fala de seu trabalho sobre o diálogo humano e o muro que existe entre nós hoje em dia. Acho esse muro muito agressivo. Sabe? Vivemos dois mundos – um é externo, o outro é individual. Pode-se dizer que a família faz parte do individual, mas, como dizer?, o que acho é que o externo influencia muito o individual.

(Provoco-a para a Polônia, a infância.)

Aquele mundo foi bem mais simples, menos pretensioso do que o que eu vejo agora. Meu pai? Tinha uma loja de confecções numa pequena cidade da Polônia, a cem quilômetros de Varsóvia, em Zwoleń. Uma cidade primitiva, há cinqüenta anos. Bem, se considerarmos o mundo há cinqüenta anos, não é que queira defender minha cidade, mas as coisas eram em geral bem mais simples. (Seus olhos se aprofundam.) Nós – como crianças –, está me entendendo?, eu consigo me expressar?, nós adquirimos uma riqueza até hoje importante. Sabe, Cremilda, acho que foi essa riqueza que nos deu força para atravessar aqueles momentos e sobreviver com moral. Quero dizer... como dizer... Enfrentar aquele perigo com dignidade nacional. É isso. Mas não. Perigo não é uma boa palavra: ela não pode expressar o VULCÃO. Não, não há palavras para expressar.

GELÉIAS PARA O INVERNO

Você, naquela entrevista que eu tanto admirei, me fez uma pergunta que eu até hoje me arrependo de não ter assumido. Você me perguntou, lembra?, se eu queria esquecer. Claro que eu não quero esquecer. Veja aquele livro aí na mesa (a mesinha, em frente ao sofá). Está aí sempre, para não esquecer. É um livro feito – uma coisa terrível – com os depoimentos de pessoas de minha cidade. Sabe o que quer dizer o título – *Yzkor Book Zwoleń*? Yzkor quer dizer um canto à morte... (Interfiro: Réquiem a Zwoleń, a sua cidade?) Isso mesmo.

— Dona Bela, vamos voltar à sua cidade, na infância. O que a senhora considera simples e importante para sua vida?

Acho que era aquela vizinhança sem muros. Uma primitividade que, lhe confesso, me aquece até hoje. Sabe que até hoje essas pessoas de minha infância são mais significativas do que meus próprios parentes? Você quer que eu tente dizer o que é essa primitividade? Me parece que é essa dependência que havia, sem arrogância. Lembro uma vizinha, uma pessoa muito humana, que lutava todos os dias pela sobrevivência. Olho para ela hoje e ela é para mim o símbolo da luta cotidiana. Éramos pobres? Olhe, a Polônia, nesses tempos, como acho que de certa forma hoje, tinha ou mais pobres ou menos pobres. A Europa nunca teve essa diferença tão grande que se vê na América, os muito ricos e os muito pobres. A Europa sempre foi povoada, pelo menos desde que eu conheci na minha infância, por uma classe média que lutava pela sobrevivência e que levava uma existência menos pretensiosa. Nos tempos atuais, certamente tudo se modificou.

— Sua chegada à América como foi, dona Bela?

Chegamos, como sabe, em 1947. Minha irmã e o marido, eu e meu marido. Fomos morar na Lapa, em São Paulo, na rua Clélia, conhece? A recordação que guardo da Lapa é muito boa. Está certo, eram outros tempos, outros costumes, outros princípios, princípios e costumes diferentes dos nossos, na Polônia, mas era uma gente de classe média com calor humano para dar. Nós chegamos muito feridos, ansiosos por boas relações humanas, estávamos conscientes de que vínhamos para outro mundo, que devíamos ter o máximo de respeito por outros costumes, outros princípios, nós sabíamos que o nosso mundo tinha desaparecido nas câmaras de gás... Só lendo, Cremilda, só lendo, se entende isso tudo que eu não consigo expressar... Nem sei se lendo... Sim, este mundo aqui, a Lapa no começo, deu a nós, logo de saída, a facilidade de se adaptar com muita positividade.

— Mas então, dona Bela, o que se opunha de essencial entre o velho mundo de sua infância e o novo mundo da América?

(Dona Bela pára. Pede que tome o café, coma o bolo caseiro que me serviu.)

Minha mãe fazia as reservas de inverno, você sabe, o inverno rigoroso da Europa. Sucos, geléias e, no meio, a framboesa. Quando se preparava a framboesa já se sabia que era boa para as gripes de inverno. Então, minha mãe fazia tudo isso com a intenção de se preparar, com uma reserva para os que batiam à porta e pediam: a senhora teria um pouco de framboesa a mais, que falta lá em casa e estou com os meninos muito gripados?

(Choramos ambas.)

Nós somos procedentes de uma gente de um sabor humano que desapareceu. O Vulcão acabou com ele.

— A senhora, dona Bela, acha que o Brasil não tem condições de desenvolver esse humanismo?

Não, não. Você me entende mal. Não é o país que tem culpa, essas coisas são universais. São Paulo pode ser uma cidade, por causa da ganância econômica, mais agressiva, mas o problema é universal.

— A guerra destruiu tudo, dona Bela?

Uma tendência de um povo se constrói em séculos. Através dos costumes de uma sociedade. Eu, por exemplo, desde menina, fui a primeira filha, a primeira neta, me criei com toda a liberdade, brincava à vontade com meninas ou meninos, todos se conheciam, era uma sociedade pequena, sem perigos. A nossa única luta era a da existência no dia-a-dia. Hoje, tenho vários convites para voltar à Polônia, mas não quero. Sei que não vou encontrar nada disso.

— Quando a senhora fala de sua cidade, da Polônia, a senhora se refere só aos judeus, não é?

Sim. Não é por acaso que os polacos tanto colaboraram na construção dos crematórios na Polônia. Os judeus nunca foram aceitos historicamente, e a prova se deu nesse Vulcão. A criança crescia, eu cresci sentindo que era judia, tudo obrigava a que percebêssemos nosso lugar. Na escola, os meninos judeus sentavam de um lado, os polacos de outro. Na Páscoa, faziam a procissão de *Corpus Christi* e nós, crianças, achávamos tudo aquilo lindo, o ritual, as vestes, o cortejo. Mas não nos deixavam assistir, avisavam nossos pais que era perigoso uma criança judia estar na rua nessa hora. Sabe por quê? Você já deve ter ouvido que se dizia que os judeus faziam o pão do Dia de Ação de Graças com o sangue de uma criança cristã, morta para essa finalidade.

— E na Lapa, dona Bela, havia discriminação?

No Brasil, houve problemas no período de Getúlio, que proibiu a entrada de judeus. Mas nossos parentes conseguiram que nós viéssemos num dos períodos especiais, em 1947. Na Lapa, não. Só conhecemos as possibilidades da liberdade, do trabalho e da convivência com muito calor humano. Lembro-me que nós saíamos sábado à noite, nos divertíamos em festas, voltávamos muito tarde, felizes, deslumbrados. Imagine nós, sobreviventes da guerra, se divertindo num sábado à noite de festa...

— Vieram casados para o Brasil?

Sim, logo que terminou a guerra – minha irmã e eu, libertadas do campo de concentração, meu marido, resistente, desses que se escondiam nos bosques – casamos logo. Era assim: não sei lhe explicar, mas os jovens procuravam mulheres para casar, desesperadamente. As mulheres, poucas após a guerra, eram muito disputadas. Aí nos instalamos numa mesma casa, na rua Clélia. Um ano e meio depois, meu marido, uma pessoa muito sensível, uma pluma, um intelectual com grande capacidade para as coisas práticas, abriu uma loja de móveis e eletrodomésticos na rua 12 de Outubro. E morreu aos 47 anos, com câncer no aparelho digestivo. Conseqüência da guerra? Deve ser, ele era um *partisan* que viveu enterrado, é isso mesmo, debaixo da terra, nos bosques da Lituânia, e assim resistiu sabe-se lá à custa de que riscos de saúde. Uma pessoa tão frágil, tão sensível. Fiquei viúva com 30 e poucos anos e sinto esse peso até hoje. Confesso a você, sou uma pessoa com certa facilidade de adaptação, de vencer grandes obstáculos, mas esse peso não consigo superar.

A Lapa foi um princípio de vida que eu guardo com muito carinho, muito respeito. Nossa convivência na loja com aquele povo me sensibilizou pelo calor humano. Por mais que repita isso, é pouco.

No espelho do abismo

No fundo, sinto uma marca que nunca nos deixará. Essa infância que levamos, separados, o estigma. Depois, o Vulcão. Como você vai se libertar dessa marca? Nem com toda a liberdade com que fomos recebidos no Brasil, na Lapa. Não quero ser hipócrita. Claro que somos marcados... certo medo talvez... um medo que não nasceu com você, foi provocado de fora para dentro, aquela desconfiança do outro ou, me expressando melhor, a falta de confiança no outro. Muitas vezes já me perguntaram: por que os judeus são tão fechados? Não é nem foi o país, o Brasil, que fez os muros. Nós, que viemos para o Brasil, todos nós imigrantes, e os da guerra, trouxemos para cá os muros, os recalques que estão aqui dentro de nós.

Mas não confundo esses complicados muros com os outros provocados, universalmente, pelos costumes atuais. Hoje o ser humano quer mais, quer mais e mais, e a ansiedade de querer o torna agressivo. Sabe, claro que você sabe, o desenvolvimento tecnológico trouxe tanta coisa para ser cobiçada, tudo muito atrativo, que embeleza. Vou lhe contar um caso. No final dos anos 1940, na nossa loja de móveis da 12 de Outubro, um noivo entrava e escolhia seu enxoval para casar: uma cama patente, uma mesa e quatro cadeiras, um fogão a carvão. (Eu quando cheguei nunca tinha visto um fogão desses, e cozinhava com ele no fundo do quintal.) Mas então o noivo contava o dinheiro, fazia a compra a prestação e lá ia ele todo satisfeito, pronto para casar – a cama, a mesa, o fogão. E precisava mais? Meu cunhado e meu sobrinho, eu estava na loja deles há pouco tempo, me mostraram um operário que entrou para escolher um fogão do último tipo, nem sei como se chama. Ainda não casou nem está com a data marcada, mas antes desse fogão luxuoso comprou uma televisão em cores e um dormitório completo muito caro. Acho que é esse querer, querer mais, que leva as pessoas à agressividade, aos muros.

Que o Brasil é um país muito especial, não há dúvida. Eu cheguei em 1947 e passei por momentos bem difíceis neste país: primeiro a morte de Getúlio Vargas, depois 1964, depois os últimos vinte anos, depois a Reforma Monetária, e eu sempre digo, na intimidade dos amigos, este povo se manifesta de uma maneira por demais pacífica. Acho isso negativo? De maneira alguma, sou contra qualquer agressividade. Lógico, existem conflitos, que também são formas de agressividade, mas não se comparam às guerras, à agressividade física contra o homem. Infelizmente, quanto mais se vive, mais se constata que isso tudo é idealismo. Acho que sou idealista. Meu marido, já lhe disse, que era uma pessoa sensível, tinha uma forma muito prática de viver, eu sempre fui mais sonhadora. Mas o fato é que quando nasci e no meio em que nasci só se vivia para a paz, para as relações humanas harmoniosas, cheias de calor, compreensão – uns e outros, as crianças e os adultos, os adultos e os mais velhos, cada um muito respeitado pelo outro. Já vivi e não encontrei o progresso de que falam. Abro o jornal todos os dias e o que vejo? Só agressividade: uma criança de oito meses explodiu no ar com a bomba que colocaram em um avião. Onde está o idealismo do ser humano? Só encontro quando estou no cinema assistindo a um filme como *Ran*, do Kurosawa, ou então em um dia como hoje, nós aqui conversando, você preocupada com os muros, eu também, nos encontramos. Na maior parte das vezes, diante desse mundo externo que está aí, tenho uma reação estranha que cada vez me assusta mais, porque não era assim. Fico apática. A apatia é minha saída.

Você, jovem, com família, cuide muito de seu mundo íntimo. Ele vale tudo que nós temos. Hoje eu só dependo das relações com outras pessoas. De certa forma, a gente sempre depende. Mas, como está, o mundo externo não é fácil: cada um cuida de si e não liga nada para o outro. Por causa dessa ansiedade de vida, dessa forma pretensiosa de viver. Falta aquela simplicidade, você sabe, a minha mãe fazendo geléias para os que viessem bater à sua porta, no inverno. Falta, nas relações de hoje, vamos ver se consigo dizer o que sinto, desculpe se não sou clara no meu português, mas o que falta parece-me que é aquele respeito ao outro que é capaz de evitar qualquer sofrimento. Um pequeno exemplo: é dos nossos costumes que aos sábados ninguém fuma em casa. Um filho evita fumar na sala; se ele fumar, lá no seu quarto, fechado, é opção a que tem direito. Eu mesma não sou ortodoxa na minha religião. Mas são os princípios. Se esse filho fumar por rebeldia, está provocando um sofrimento em sua mãe, em seu pai. Isto que chamo de respeito: não provocar, com um gesto, uma atitude, o sofrimento em outro ser humano, ao seu lado.

Agora, você vê, quem está preocupado com isso? As relações humanas são muito oportunistas. Este mundo moderno que está aí é um mundo fechado entre quatro paredes, cada ser humano fechado entre quatro muros. As pessoas só avaliam as outras pela força, pelo poder que elas têm e no que podem ser exploradas. Diante disso, eu fico cada vez mais apática. Recolho-me à intimidade e procuro aquela força para continuar. Ela está lá na infância, na minha cidadezinha primitiva e simples. Sem essa força, como teria sobrevivido?

LAVAS DO VULCÃO

Pedaços dessa terrível história de que Bela Lukower foi protagonista estão reunidos em um livro, editado em Nova York, que permanece bem à vista na casa de todos os sobreviventes de Zwoleń, cidade polonesa. *Réquiem a Zwoleń* é uma chaga aberta que eles não querem esquecer. Na sala de dona Bela, um símbolo da paz: esse livro, abismos nunca superados na alma de quem neles foi afundado.

Todos testemunhos dolorosos. Por mais que o depoimento pretenda o relato verídico das etapas da guerra, é impossível que as palavras saiam assépticas. Também a seleção que faço, uma pequena amostra, é subjetiva. Como não se manchar de emoção?

Com uma criança nos braços

Quando deixei minha cidade natal, Zwoleń, em 15 de julho de 1939, a guerra havia estourado, minha família fugiu para Soletz, no Vístula, onde tínhamos parentes. Meus irmãos – Yosl e Israel – faziam o possível para ajudar meus pais nesse terrível tempo.

A guerra me surpreendeu em Oppole. Fiquei lá dois anos, cercada de todos os inimagináveis tormentos, e sofrendo todos juntos, nós os judeus, no gueto de Oppole. Minha situação piorou quando, em 1942, nasceu minha filha Rayzele. Como escapar com um bebê que, em qualquer esconderijo, denunciava-se pelo choro? E era preciso se esconder, porque os criminosos não poupavam as criancinhas.

Mudamo-nos para Soletz com meus pais. Ainda em 1942, fomos todos empurrados para dentro de um trem e transportados para o gueto de Tarle. Muitos judeus foram mortos nesse dia, inclusive meu avô Chane Bichman, de 75 anos.

Ficamos sabendo que seríamos levados para Treblinka. Quando meu irmão Wosl tentou escapar, foi morto. Meu pai me disse: "Não podemos ajudar uns aos outros, mas você precisa se salvar, você e sua filha". Fiquei confusa: como dizer adeus a meu pai, minha mãe, meus tios, tias, primos?

Meu marido arrumou um camponês para me acolher em um lugar perto da floresta. Ele quis que só minha irmã Hindele viesse junto, negou-se a trazer meus pais também. Mais tarde, meu marido conseguiu buscar sua irmã, minha cunhada Gute. A floresta era perto da vila Niedzwiala. Pagando bem aos camponeses, várias dúzias de judeus se refugiavam ali, trabalhando no campo. Nós nos juntamos a eles.

Alguns dias depois, os nazistas vieram e levaram todos os homens. Meu marido ainda conseguiu escapar. Eu me escondi no mato e, por milagre, minha pequenina filha não chorou, ficou bem quietinha. Pouco depois, meu marido voltou.

Agora, o capítulo mais perigoso: a luta de vida ou morte de meu bebê. As noites de outono, na floresta, já eram muito frias. Não havia nem comida nem água.

Meu marido saía desesperado do esconderijo para buscar qualquer coisa.

Alguns camponeses vizinhos, descobrindo que havia judeus escondidos nas redondezas, atacaram-nos no meio da noite, achando que estávamos com ouro entre nossos pertences. Minha filha me encarou com os olhos cheios de terror. Ela, pobrezinha, estava praticamente sem roupa. Aparentemente, os camponeses tiveram piedade de minha filha e então minha vida foi salva. Um deles deu algum alimento para minha Rayzele. A pobre criança estava enregelada, os bracinhos roxos de frio. Não podíamos continuar ali. Precisávamos arriscar, fugir para um lugar mais quente. Uma camponesa me deu uma batata.

Quando chegou a noite, aconteceu o mais terrível de tudo, o que sempre tememos: Rayzele não suportou mais o sofrimento; sua jovem vida se extinguiu, como uma chama que se apaga. Era como se o céu tivesse me soterrado. Sua cabecinha continuava fazendo pressão em meu ombro, eu a ninava, ninava e corria.

Não sabíamos o que fazer. Os sentidos se atrofiaram. Depositamos nossa preciosa vida na corrente de um rio, cobrimos com um pouco de areia. Na manhã seguinte, um camponês a encontrou e a queimou num lugar qualquer, não deixando sequer uma marca ou um simples sinal. Minha Rayzele morreu no dia 16 de dezembro de 1942. Completava 22 meses de vida.

Nesse tempo rezei e ainda hoje imploro a Deus: "Perdoe-me pela morte de meu bebê". Esse pecado ainda mora em minha consciência.

Na vila, quando nossa jornada estava chegando ao fim, uma camponesa se ofereceu para batizar minha filha. Eu recusei. O temor de minha mãe e de meu pai veio diante de meus olhos, eu não podia fazer uma coisa dessas a eles. Talvez eu estivesse errada em pensar daquela maneira; talvez tenha sido um pecado fazer de minha filha uma vítima, mas não estava em mim, não tive força para chegar a uma decisão sábia.

Tive, sim, oportunidade de salvar minha filha. Certa vez, muito antes, poderia ter deixado a menina na porta de uma família rica. Mas, em fração de segundos, mudei de idéia, tive medo de que o cão terrível que havia na casa viesse e estraçalhasse aquele pequeno ser.

Após nossa maior tragédia, eu e meu marido, Bentse Grossman, fugimos de um lugar para o outro. Estávamos exaustos, e o medo e a fome nos deixavam sem juízo. Um dia, ele foi procurar comida e nunca mais voltou. Contaram-me depois que um jovem camponês o entregou aos alemães, que o mataram no dia 11 de janeiro de 1943.

Andava de vila em vila, ficava pouco tempo em cada lugar e mais de uma vez estive a apenas um passo da morte. Fui libertada em julho de 1944.

DEBORAH HERSHMAN
(Brooklyn – Estados Unidos)
Do livro Réquiem a Zwoleń (New York Independent
Zvoliner Benevolent Society, Nova York, 1982)

Observatório do espanto

Após Treblinka, foi em Skarzysko que estiveram os judeus remanescentes de Zwoleń. Um olhar do espanto ficou registrado no livro *Nas fábricas da morte*, de Mordechai Shtrigler. *Réquiem a Zwoleń* reedita alguns fragmentos. Eis um deles:

Havia sempre entre quatro a sete mil pessoas no Werk A, metade das quais mulheres. Com exceção das privilegiadas de meia-idade e das mais velhas (mães ou sogras de comandantes, de policiais ou funcionários), eram todas jovens com média de 16 a 35 anos. Cada uma havia passado por diversas etapas de seleção, logo a maioria era saudável e de rara beleza. Assim, eram vítimas de freqüentes abusos sexuais por parte dos alemães e dos guardas poloneses, assim como por parte dos comandantes judeus. A degradação moral era inevitável nesse inferno de caóticas condições. Eis apenas um exemplo.

Em janeiro de 1943, todos esses chefões da administração do campo fizeram uma celebração. Após uma noite de bebedeiras, Battenschleger e Eisenschimitz apareceram ali. Era meia-noite, e as mulheres que trabalhavam no período noturno ainda estavam acordadas. Os dois entraram nas barracas femininas e fizeram que todas se levantassem. Obrigaram-nas a fazer uma fila, seminuas, examinaram uma por uma e finalmente escolheram as três mais bonitas: Milchman de Suchedniow, Zierberberg de Apt e uma terceira de nome desconhecido. Carregaram-nas praticamente nuas e as obrigaram a desfilar pelo campo até seus quartos. Foram, então, totalmente desnudadas e violentadas várias vezes. Às quatro da madrugada, Battenschleger levou duas das mulheres para a cerca e as matou. Logo a seguir, ele chamou dois guardas, mandou queimarem as mulheres e espalharem grama por cima. Na noite seguinte, ele trouxe a terceira mulher e também a matou (assim me contou meu amigo Baruch Goldberg). Esse é apenas um entre dúzias de outros casos similares que aconteciam nos Werk A e B, cujos incidentes se davam diante de confiáveis testemunhas.

Mas eu quero contar o que vi com meus próprios olhos: havia inúmeros casos em que os membros dos Werkschutz, guardas e outros oficiais, selecionavam mulheres judias, mantinham relações íntimas com elas por um curto ou longo período e depois as matavam ou mandavam para o Werk C. Quando me lembro disso ainda sinto vergonha do horror.

Por exemplo, um guarda do Werk B escolheu a menina mais bonita da fábrica. Pôs a mulher no serviço de limpeza de seu escritório e a usou sexualmente por um longo período. Quando ela ficou grávida, esperou até selecionarem um grande grupo de mulheres doentes, despidas, e descartou a jovem grávida no meio das condenadas. Ela se lançou a seus joelhos, implorou-lhe piedade, beijou suas botas e pediu clemência. Ela lhe relembrava, com a voz tênue, muito baixa, que tinha só 21 anos, que tinha a pele fresca e muita saúde... Em sua loucura, lembrou-lhe, com a voz quase sumindo, que no dia anterior ele a acariciara – por que condená-la hoje? Ele gargalhou e respondeu cinicamente: "Há muitas outras judias aqui melhores que você". Puxou o revólver e, ali mesmo, diante de todos, atirou, gritando aos berros "judia histérica".

Eu sei de muitos casos assim. Nem todos terminavam em morte.

A cidade arrasada

Não se sabe da gênese dos judeus de Zwoleń, na Polônia. Era uma vila até 1443, quando foi guindada a cidade. Em 1448, assinalam os registros históricos, Zwoleń promoveu sua primeira feira anual. É de 1554 a mais antiga referência aos judeus. Apenas dois: Isaac e Israel. Já dez anos depois havia várias casas de comércio: onze açougueiros, sete artesãos de rodas de carreta, dois comerciantes de lojas de alimentos e um guarda da casa de banhos da cidade. Mas, em 1579, as autoridades exigiram a separação dos negócios dos judeus em Zwoleń.

O rei Stefan Batory fez uma concessão em 1579 – deu autorização oficial para que os judeus morassem na cidade. Para regular essa magnanimidade, o rei Sigismundo III promulgou, em 1591, um edital onde se estabelecia que eles não teriam direito a mais de dez casas. Dois anos depois, os habitantes não dependiam mais dos judeus, passando a ser auto-suficientes no comércio de alimentos. Os comerciantes poloneses impuseram todos os obstáculos possíveis aos judeus que atuavam no mesmo ramo de negócio, e uma associação de trabalhadores cristãos manteve-se contra eles.

As estatísticas de 1550 indicam a expansão de Zwoleń, mas foram necessárias mais algumas décadas para que os judeus chegassem a uma situação competitiva. No final do século XVI, no entanto, dá-se seu definitivo enraizamento em Zwoleń. Há informações esparsas sobre a vida espiritual e a organização da comunidade. Nenhuma referência a uma sinagoga nem sequer a um rabino, o que dá a medida das dificuldades por que passavam os judeus para professar seu credo.

A grande expansão econômica de Zwoleń ocorre nos séculos XVII e XVIII. Em 1616, os judeus transportavam grãos e fios de lã para várias cidades polonesas e possuíam doze carroças. Os dados de 1789 dão um panorama mais preciso: quatro tecelões, 25 sapateiros, dois carpinteiros, cinco artesãos do linho, quatro artesãos de rodas de carreta e um ferreiro. Os judeus começaram a se envolver também com destilarias, mas o rei Poniatowski, em 1767, ordenou que abandonassem essa atividade. Havia, em 1765, oito lojas na cidade, e dois judeus lideravam ramos de transportes. O ímpeto, contudo, é reprimido em vários setores, e a expansão dos judeus não acompanha o ritmo de crescimento de Zwoleń. Embora as estatísticas oficiais acusem, em 1662, 543 poloneses *versus* 102 judeus e, em 1673, 319 contra 75, todos pagantes de taxas, os números reais indicam, nas mesmas datas, 408 e 300 judeus.

Politicamente, Zwoleń passou a fazer parte da Áustria após a terceira divisão do território em 1795. A partir de 1815 foi incorporada à Polônia central. A primeira referência a uma sinagoga data de 1820, mas a comunidade judaica certamente já contava com

rabinos duzentos anos antes. Após 1815, há registros claros da porcentagem significativa de judeus na cidade: em 1827, 629 judeus, 33% da população; em 1856, 1.350, 49%; em 1897, 3.242, 55%; em 1921, 3.789, 51%.
Em 1908, um incêndio praticamente destruiu Zwoleń. Nos anos 1930, porém, cinco mil judeus habitavam a cidade reconstruída; eram, então, metade da população. O contingente de judeus forçado a vir para Zwoleń pelos nazistas fez que somassem onze mil em 1942. Todos foram deportados para os campos de concentração no final de outubro desse mesmo ano. Aí incluída Bela Lukower.

(Dados compilados do livro Réquiem a Zwoleń.)

POST SCRIPTUM

Em 2007, muito tardiamente, decidi visitar dona Bela. Afinal, era minha vizinha – morava a uma quadra de distância da minha casa. O porteiro nem conhecia essa moradora; o zelador, novo na função, também não. Por coincidência, outra moradora, já idosa, saía do prédio, viu minha aflição e interferiu: "Olhe, dona Bela já faleceu". Nada mais me informou. Estava com pressa. ■

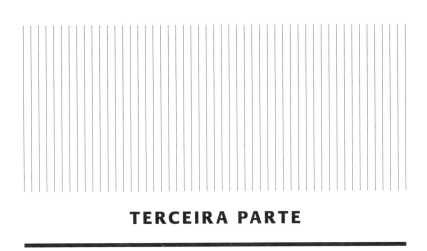

TERCEIRA PARTE

REFLEXOS E REFLEXÕES
À MARGEM DAS CERTEZAS

GRANDEZAS E LIMITAÇÕES DA RELAÇÃO DIGITAL

A relação viva e presencial com dona Bela nos anos 1980 proporcionou uma interação social criadora semelhante à que meus professores de didática propunham no curso de Letras da Universidade Federal do Rio Grande do Sul, em 1963. O diálogo de mútua revelação educador–educando se constrói no corpo a corpo; a comunhão poética artista–fruidor se faz na leitura; a comunicação entre os diferentes se processa por meio das mediações jornalísticas. Em todas essas situações, há o encontro dos afetos: só quando se está *afeto a* ocorre o ato educativo, o ato poético ou o ato comunicacional que, por sua vez, se traduz na sala de aula, na obra de arte ou nas narrativas da contemporaneidade.

Será possível prescindir do diálogo possível, da sintonia dos silêncios, dos gestos, do despertar do interesse pelo outro por sinais sutis do corpo (o brilho úmido da pupila, o olfato ou a partilha do café e do pão de queijo)? A aceleração digital afogará as percepções da cena viva?

Em 2006, uma estudante da Faculdade de Comunicação Social da Pontifícia Universidade Católica de Porto Alegre me solicitou que discutisse a entrevista por e-mail numa publicação experimental (eletrônica) do curso de Jornalismo. A revista *Experiência*, publicada em julho daquele ano, traz o resultado da pauta de Bárbara Chanin, sob o título "Monólogo virtual". A síntese, como manda o figurino dos títulos na imprensa, revela também o conteúdo nuclear da breve análise sobre a entrevista por meio da internet.

Bárbara baseia-se no princípio de que a técnica "é ferramenta essencial do jornalismo". Mas, como perspicaz pesquisadora, a jovem estudante avança para além do currículo formal e busca compreender o diálogo social, que transcende a eficiência das perguntas e respostas colhidas com as fontes de informação. Assim, conhecendo meu livro *Entrevista, o diálogo possível*, questionou-me sobre as virtualidades da mídia digital para levar a efeito essa interação dialógica. Não se tratava de um texto de análise em suportes tradicionais, mas no próprio universo digital. Assim, me enviou por correspondência eletrônica as perguntas e enviei as respostas para seu endereço de e-mail.

Na internet, o jornalista contemporâneo encontra inúmeras e ainda não exploradas possibilidades de captar informações e criar links de aprofundamento dos conteúdos da contemporaneidade. A mediação jornalística (autoral), no entanto, não foi e provavelmente não será desqualificada, porque permanece necessária para articular os sentidos atribuídos à realidade que nos cerca. A produção simbólica – e aí reside o fundamento epistemológico do jornalismo – exige a presença da inteligência natural, o repórter-editor, para operar máquinas e tecnologias. As competências da inteligência artificial, cada vez mais veloz e complexa, não dispensam a mediação humana no processo em que se significam os dados objetivos pesquisados, os comportamentos socioculturais de onde eles emergem, o protagonismo dos sujeitos envolvidos nos acontecimentos e os diagnósticos e prognósticos dos especialistas que estudam as tendências históricas do presente.

O labirinto real, referência intransferível do jornalismo, não se esgota na entrevista como técnica tradicional ou, atualmente, como técnica digital. A estudante da PUC faz a pergunta: quais as maiores dificuldades de fazer uma entrevista por e-mail? Ao que de pronto (como manda a internet), respondo: a entrevista internáutica se atém a idéias ou conceitos, não capta ambientes, cheiros, cores, gestos, paladares. O meio não permite que se vá adiante nessa resposta, como, aliás, em qualquer outra apressada captação, por exemplo por telefone. Mas em outro livro, perdoem a auto-referência, mostro na prática e exponho na reflexão teórica as várias ferramentas da arte de tecer o presente.

Assim, os alunos de Comunicação Social ou os alunos de pósgraduação nos vários campos do conhecimento experimentam, nas narrativas da contemporaneidade ou na pesquisa empírica, a observação-experiência, ferramenta que amplia a técnica burocrática da coleta de informações e dá margem à autoria solidária, rigorosa e criativa. No contexto da experiência do mundo vivo – verdadeiro cenário do repórter e do pesquisador –, a coleta de depoimentos, a leitura cultural e a busca de informações históricas e específicas da atualidade em muito ultrapassam os limites da entrevista. A arte de tecer o presente aponta, portanto, para a múltipla capacidade de produzir significados: em síntese, resgata o protagonismo, expandese na contextualização sociocultural, pesquisa as raízes históricas e promove a escuta de especialistas sobre o tema da pauta.

Nesse processo de trabalho, como o que se desenvolveu no encontro com dona Bela, o aparato de percepção e observação do produtor de sentidos é responsável pela ação criativa e transformadora da comunicação social. Quando falo dos cinco sentidos – perceber o real pela escuta, pelo tato, pelo paladar, pela visão e pelo olfato –, outra vez me reporto ao psicanalista colombiano Luis Carlos Restrepo (*O direito à ternura*), que expõe o contundente diagnóstico do analfabetismo afetivo das vivências profissionais ou existenciais. Sem o exercício pleno da inteligência humana, como adverte o neurocientista António Damásio (*O erro de Descar-*

tes), não se concretiza o diálogo possível. Nos cursos de pós-graduação, nas óticas inter e transdisciplinar aplicadas desde 1988, resulta muito fértil a interlocução desses autores com o brasileiro Henrique Del Nero, que em *O sítio da mente, pensamento, emoção e vontade no cérebro humano* destaca a qualidade ética do exercício da inteligência natural.

Ora, como respondi a Bárbara, a entrevista internáutica se atém a idéias e conceitos, não capta ambientes, cheiros, cores, gestos, paladares. A entrevistadora pergunta, precisamente, qual a diferença quando a entrevista é feita pessoalmente. Insisto: a entrevista – ou melhor, o diálogo possível ao vivo – é insubstituível. O que está presentificado e presenciado vai muito além do código lingüístico. Prova disso: a força da palavra poética só emerge de um diálogo imprevisível no corpo a corpo. Essa resposta, no contexto dos laboratórios que desenvolvo na universidade, merece citações antológicas, pois a descoberta da palavra interativa na poética relação Eu–Tu (lembrando Martin Buber na obra *Do diálogo e do dialógico*) atinge atos culminantes de aprendizagem. A passagem do comportamento mecânico ou estereotipado nas regras de eficiência industrial, e agora na velocidade pós-industrial, para uma oficina de sensibilidade criativa ocorre numa verdadeira epifania didática. Nessa circunstância da oficina autoral até mesmo se recupera o desenho da caligrafia, o prazer epistolar do diálogo humano. A entrevista pré-pautada em qualquer suporte tecnológico fica menor diante das formas vivas de interação social criadora.

Não se pretende aqui desqualificar a entrevista como ferramenta jornalística, mas discutir suas fragilidades quando apresentada como a coluna vertebral das narrativas da contemporaneidade. Na rápida entrevista por e-mail para a jovem gaúcha, faço certa caricatura: nem bem aprendemos a entrevista – vivemos da técnica de trabalho do investigador policial – e já estamos usando a fôrma da internet. É preciso começar do começo. Digo caricatura sem desmerecer aqueles profissionais que criam todo o ambiente para o diálogo possível. No entanto, na generalidade das situações, a fórmula pergunta-resposta (PR) se repete à exaustão e pretende, por meio das declarações entre aspas nas mídias impressas ou enunciadas ao microfone nas mídias eletrônicas, atribuir significados aos acontecimentos contemporâneos.

Discuti com meus alunos da Universidade de São Paulo um contraponto recente entre a habilidade de um narrador que inclui a fala do protagonista num conjunto de outras informações e aquele que se vale apenas da fórmula PR. Verônica Calheiros (mulher do senador Renan Calheiros, presidente do Senado), entrevistada pelo jornal *O Estado de S. Paulo*, e a jornalista Mônica Veloso (mãe da filha de Renan), entrevistada pela *Folha de S.Paulo*, casualmente ambas no dia 24 de junho de 2007, exemplificam as virtudes da narrativa do primeiro texto e os limites técnicos do segundo. Quando o autor cria um narrador (em geral, uma terceira pessoa verbal), desenvolve o contexto, cria sutilezas, inclui informações que dão às "declarações" da fonte entrevistada uma abertura polissêmica. No caso da pergunta e resposta, temos apenas declarações "autorizadas" pela persona que se quer fazer pública.

A entrevista que se move exclusivamente no mundo dos conceitos e das idéias tem sua validade inquestionável (inclusive por e-mail, se o entrevistado aceitar o jogo) no universo auxiliar de diagnósticos e prognósticos sobre um tema da atualidade política e econômica ou uma avaliação científica sobre determinado fenômeno ou comportamento. Alguns cientistas respondem sobre suas pesquisas, políticos respondem dentro de seu âmbito ideológico, economistas falam dos dados e tendências macro e microssociais, analistas conceituam o esporte, a moda e a violência urbana, filósofos se movem no mundo da abstração, críticos julgam as manifestações artísticas. Todos utilizam o código lingüístico para se expressar, ou seja, os autores se valem de frases conceituais que provêm do mundo das idéias. A retórica aristotélica ou a análise cartesiana afloram no discurso que desenvolve argumentação racionalista; informações de base numérica ou referências específicas à realidade material exigem também um discurso classificatório, hierárquico, preciso – o que atesta a sólida herança comtiana.

Já a reportagem, na sua estilística interpretativa, articula essas entrevistas conceituais com o protagonismo e o contexto sociocultural numa narrativa autoral que põe em movimento a aventura humana. O resgate da cena viva exige a criação de um narrador que dramatize o que se passa à sua volta. Para isso, o autor da narrativa é um ser aberto aos demais códigos da experiência social que observa. Como eliminar o trânsito pelo mundo natural e substituí-lo exclusivamente pela mediação digital? Nem mesmo a busca de informações nos registros, na bibliografia e nos acervos de memória coletiva ou bancos de dados esgota a amplitude informativa e, acima de tudo, o inusitado que a interlocução corpo a corpo oferece. O encontro e as respectivas trocas interativas estão longe de se assemelhar a declarações entre aspas ou, o que é mais grave, à transcrição de informações sem aspas, retiradas da bibliografia sem o mínimo respeito aos direitos autorais.

Tudo isso escapa à ligeireza da entrevista por e-mail, daí o sábio experimento da estudante da PUC de Porto Alegre. Ela reconhece que a mídia digital serve mais ao monólogo virtual do que à dialogia presencial. Nos currículos tradicionais, ao se fragmentar a técnica da entrevista, além de outras técnicas, aliena-se a essência da comunicação social. A crise do paradigma tecnicista – em todos os campos de conhecimento – mostra a ruptura com a fragmentação e o reencontro com laços mais abrangentes, laboratório necessário ao aperfeiçoamento profissional. Estão na berlinda, inclusive, os departamentos dos cursos universitários. Que falar então da setorização temática ou das técnicas operacionais? O eixo na formação de um comunicador se desloca, portanto, para a visão de mundo, a descoberta e a compreensão do que se passa à volta, bem como para a relação com o Outro.

O que chamo de signo da relação vem substituir o signo da divulgação. Na prática democrática da comunicação social, não se trata de ampla difusão unidirecional dos significados da contemporaneidade, mas de trocas simbólicas dos saberes plurais que sempre estão em conflito. O direito social à informação envolve no mesmo processo a demanda e a oferta simbólica. Para fazer circular as narrativas da contemporaneidade precisamos, sim, de máquinas complexas e velozes, mas, mais ainda, de inteligências autorais que refundem um cosmo, interpretando o caos da realidade. Esta, um labirinto de bens materiais, bens naturais e bens culturais para administrar ou renovar e transformar em narrativas polissêmicas e polifônicas.

Os laboratórios de dialogia na escola formal ou na educação permanente abrem perspectivas de estudo que atravessam a ética, a técnica e a estética. Mas, diga-se de passagem, essa linha de pesquisa vem impregnada de diálogos interdisciplinares, de inquietudes transdisciplinares. Daí a importância dos encontros, seminários e painéis que o "Projeto Plural e a Crise de Paradigmas" (por mim coordenado na Universidade de São Paulo a partir de 1990) proporcionou. Nessa experimentação quase tribal, embora descentralizada em eventos regionais e internacionais, acontece o milagre da dialogia. Ao perceber impasses comuns, especialistas de várias áreas de conhecimento, artistas e filósofos, se dão as mãos e tecem pautas comuns – transdisciplinares. Um legítimo exemplo do signo da relação, que passa pela esfera analítica do código lingüístico mas transcende a ação argumentativa e culmina numa aceitação dos diferentes. Ou melhor, o difícil convívio interdisciplinar preenche os quesitos necessários à partilha dos desafios transdisciplinares. Ao contrário, a defesa conceitual das especialidades tende a uma Babel competitiva. O diálogo e a interação inter e transdisciplinar só emergem pela simpatia dos afetos, olho no olho, na proximidade humana. Quando o grupo de díspares disciplinados flagra as contradições comportamentais da competição acadêmica e reconhece a visão de mundo perturbada diante dos espantos da contemporaneidade, fala mais alto o ato solidário, o laço da angústia dos diferentes.

Nesses encontros, há a acrescentar outra presença – a do artista. Os cientistas não o rejeitam: afinal, arte e ciência se enamoram. Indisciplinado por natureza, o artista eleva o tônus do cientista, facilita a negociação simbólica. Nada como a poética para transcender os limites da racionalidade positiva. A dúvida cartesiana do debate científico se permite viajar no vôo onírico da linguagem mítica. Será possível esse encantamento mediado pela frieza das máquinas? ■

PARA ALÉM DO CÓDIGO LINGÜÍSTICO

Por mais que se faça o elogio da imagem, ainda se trabalha tanto nas mídias convencionais quanto nas novas mídias sob a hegemonia da palavra. No século XX surgiram pesquisas demonstrando a presença decisiva dos códigos não-verbais. Da semiótica à psicologia, da biologia às neurociências, sucedem-se estudos do corpo que fala. Um desses trabalhos, de que se deu notícia na imprensa especializada em junho de 2008, levanta a hipótese de os hormônios femininos alterarem, no período fértil, a sonoridade das cordas vocais. Um experimento com cinqüenta mulheres, repetido a cada semana, ao longo de um mês – no caso, a simples enunciação de números de um a dez –, provocou alterações da modulação, percebidas pela escuta masculina. A comunicação carregada de sensualidade atinge o "ouvinte" nos momentos decisivos da fertilidade humana.

Já se estudaram, na interlocução humana, sutis significados do movimento das pupilas. A atitude corporal no espaço das relações humanas é profundamente reveladora das diferenças culturais.

Mas a herança atávica, *penso, logo existo e logo falo*, atrofia a percepção de códigos não lingüísticos. Tanto o cientista social em pesquisa empírica quanto o jornalista na reportagem privilegiam o ato da fala e muitas vezes deixam escapar da observação-experiência informações preciosas que mobilizam todos os sentidos.

Para quem não assina a tevê a cabo, uma despesa considerável no orçamento doméstico, não há como recuperar a riqueza informativa da representação de determinadas situações na telinha. É o caso, por exemplo, das nove horas de transmissão em contínuo emitida pela CNN em espanhol no dia 7 de março de 2008, data da reunião do Grupo do Rio em Santo Domingo, República Dominicana. Ali estavam, sentados à mesa de negociações, presidentes da quase totalidade dos países latino-americanos – à exceção do Brasil que enviou o ministro das Relações Exteriores Celso Amorim.

Numa jornada que fugiu inteiramente à rotina da retórica política e das barganhas econômicas, travou-se, aos olhos do espectador, um combate acirrado que as câmaras instaladas na sala – aberta como espaço público – procuraram transmitir ao vivo. Em raros intervalos, jornalistas apenas resumiam os conteúdos verbais do tema que eletrizou o grupo: o bombardeio do exército colombiano ao acampamento das Forças Armadas Revolucionárias da Colômbia (Farc), a Operação Fênix, ocorrida na madrugada do dia 1º de março de 2008.

O caudal de gritos e sussurros, mais gritos que sussurros, foi radicalmente sumarizado no noticiário da televisão aberta, da rádio, das mídias impressas e da internet. No entanto, nem mesmo os repórteres presentes ao evento chegaram perto da pluralidade de códigos em jogo que a CNN exibia. A narrativa convencional do noticiário produziu um fato jornalístico em que a referência – um acontecimento histórico – contemplava sutilezas e contradições do caos dinâmico do grupo presidencial. Os profissionais que cobriam a reunião tampouco estavam atentos para perceber fatores indeterminantes numa situação quase sempre preconcebida e informada por conceitos determinantes. Nesse contexto, *el apretón de manos* final foi catalogado como surpreendente virada de jogo ou solução imprevisível.

Nas nove horas de emissão direta, o espectador privilegiado pôde perceber inúmeras cenas da representação política. Embora se reconheça que a câmara é também um ator dessa produção simbólica, o esforço contínuo de "presenciar" (mediado pela televisão) a cena e seus protagonistas em tempo instantâneo e contínuo oferece um rico itinerário de percepções e interpretações. Os jornalistas e todos os formadores de opinião ganhariam em experiência ao despender esse tempo de audiência disciplinada. As oportunidades se sucedem com o espaço democrático da transmissão ao vivo, sem a preocupação de recortar o acontecimento de indiscutível significado para a cidadania contemporânea. No Brasil, as tevês institucionais – sobretudo as do Senado, da Câmara e da Justiça – têm se mostrado braços de utilidade pública na distribuição de conteúdos políticos ao vivo.

No domínio dessa democrática distribuição da renda simbólica, não muito distante das nove horas de Santo Domingo, os brasileiros puderam acompanhar as cinco horas da transmissão da sessão do Supremo Tribunal Federal que julgava a constitucionalidade da Lei de Biossegurança em março de 2008. Considerado um julgamento histórico, sua emissão pública ofereceu outra contribuição para a comunicação social. Há quem tema a presença da mídia nos ambientes antes fechados, em uma afronta ao direito social à informação. Muito já se debateu o tema no século passado. Mas a primeira década do século XXI aponta para conquistas inabaláveis da cidadania. Uma delas, que agora se destaca, é a transmissão direta – na medida do tempo real – que já se ensaiou até mesmo em canais abertos e hoje está presente na tevê por assinatura. Não se podem esquecer as longas sessões de Comissões Parlamentares de Inquérito (CPIs) do Congresso Nacional, que ocupam a tela e alimentam o imaginário político brasileiro.

São cada vez mais freqüentes as coberturas em que as mídias tradicionais se reportam às emissões ao vivo da TV Senado ou, no âmbito externo, da CNN. O investimento profissional e financeiro dessas empresas ou instituições jornalísticas afinal compensa e, pelo menos em acontecimentos de grande repercussão coletiva, dá retorno institucional. A tevê aberta comercial também mostra sinais esporádicos de valorização do tempo inerente a certas realidades. Vem à memória, de imediato, o tempo sagrado do coveiro ao abrir a sepultura, no cemitério de São João Del Rei, Minas Gerais, onde seria enterrado o presidente Tancredo Neves, em 1985. A TV Globo reservou vinte preciosos minutos em que o gesto do coveiro e o som ambiente da pá na terra sustentaram a transmissão. Alguém teria dito na emissora que tinha de cortar, ou enxertar a locução de uma voz de âncora? Duvido. Aquele foi um momento antológico de representação de um tempo que nega o pique global técnico ou o ditame financeiro da publicidade, *time is money*.

Pena que o aprendizado da pluralidade de códigos, assim como a pluralidade de tempos e a diversidade de espaços, não conste dos laboratórios de aperfeiçoamento profissional do comunicador. Exceto em ambientes universitários, alguns de graduação, outros de mestrado e doutorado, essas questões correm ao largo da eficiência técnica dos que elaboram as narrativas da contemporaneidade. A operação de rotina privilegia a redução de conceitos como esquerda, direita, imperialismo, neoliberalismo, socialismo, populismo, positivismo etc. Verdadeiros clichês da inércia mental, posta a serviço da velocidade de opiniões e ideologias da moda. O círculo vicioso se sustenta exclusivamente de palavras de ordem, o que significa produzir significados sobre a realidade por meio de chaves verbais ou lugares-comuns. Nessas circunstâncias da inércia estilística, o próprio substantivo perde a força semântica para se amparar nos adjetivos inexpressivos.

Em programas transmitidos exaustivamente ao vivo, encontra-se uma farta exposição dos códigos não-verbais, reveladores de significados muitas vezes opostos aos que os protagonistas declaram em público. Em Santo Domingo, os gestos manuais, os rictos do rosto, o movimento do corpo no espaço cênico – gravados em contínuo pelas câmaras da CNN – brindaram o espectador com um grau de ambigüidade que as frases não contemplavam. A confiabilidade e o pacto de leitura ganham com os códigos da representação não-verbal dimensões sutis para a comunicação humana. Na cena, os presidentes em conflito – Rafael Correa, do Equador, e Álvaro Uribe, da Colômbia, bem como o terceiro que se incluiu no embate, Hugo Chávez, da Venezuela – mostravam sinais incontroláveis que a palavra procurava mascarar. Com o bombardeio simbólico de códigos, a recepção ativa reelabora uma atitude empática ou antipática diante do que se passa na cena.

A palavra persuasiva (ação comunicativa para Habermas) tem efetivamente um papel decisivo na construção democrática. No entanto, o jogo de cena corpo a corpo abre as perspectivas de interação social criadora. Nessa situação fluem sinais não esquadrinhados pela lógica verbal. Os códigos não-verbais traem os freios do consciente na negociação política ou na negociação amorosa. Basta lembrar a arte, em que a pulsação inconsciente se rebela contra os cânones. A literatura, puro código verbal na arte, rejeita a palavra burocrática e explora a palavra poética, portadora da ambigüidade metafórica e metonímica. Mesmo em ambientes onde se deve controlar o discurso racional persuasivo, como no plenário do Supremo Tribunal Federal, quem acompanhou ao vivo o voto do ministro Carlos Ayres Britto, em mais de três horas de leitura, navegou para além das informações e argumentos lógico-analíticos, para se perder e achar nas intuições poéticas que brilhavam em seus olhos e em suas palavras, cuja dicção (fisiológica) mudava de tons e de tempos.

A própria ministra Ellen Gracie, presidente do STF à época, emitia significados visuais e corporais que fugiam ao disciplinado controle de sua elegância racional. Não foi diferente quando, na mesma sessão, o segundo voto seria proferido e o ministro Carlos Alberto Direito pediu vistas do processo, adiando assim o tão anunciado julgamento da pesquisa com células-tronco embrionárias. A palavra da ex-presidente (Ellen Gracie deixou o cargo no dia 12 de março de 2008) era a de quem coordena uma suprema corte com equilíbrio mas, ao mesmo tempo, assume atitudes corajosas, como a de reforçar a posição de Ayres Britto e antecipar seu voto pela constitucionalidade da Lei de Biossegurança. A antecipação do voto da magistrada, após o pedido de vistas que de antemão interromperia o julgamento por três meses e, mais ainda, o enérgico apelo para que as vistas fossem rápidas em função dos prejuízos das pesquisas genéticas no país estavam reforçados por uma irritação perceptível. A ministra não conteve o desassossego, e a emissão verbal, no contínuo televisivo, expôs preciosas informações não-verbais – alterações faciais, gestos inquietos –, numa clara adesão à pesquisa científica das células-tronco embrionárias.

Os analistas, cientistas sociais ou jornalistas, canalizam tanto diagnósticos quanto prognósticos sobre a realidade social, natural ou biológica e sobre os comportamentos humanos para a esfera conceitual e argumentativa das lógicas verbais. Cada vez mais se expande esse domínio que caracteriza o aprofundamento da informação. Jornalistas de amplo repertório e experiência profissional dividem espaço com sociólogos, antropólogos, biólogos, médicos, geógrafos, educadores, juristas, enfim, representantes de todas as correntes da ciência contemporânea. A coluna, o artigo, o editorial, os espaços de opinião explícita nas mídias, aí incluída a internet, acentuam a autoria da análise, o comentário, os juízos de valor que enquadram o acontecimento contemporâneo.

A arguta reflexão se enriquece, no entanto, toda vez que o autor cruza o argumento com a experiência viva. Prova disso são certos editoriais que, para além da opinião da empresa sobre os fatos comentados, recolhem dos repórteres informações captadas em campo. O universo da retórica argumentativa se casa com a cena viva da poética da interpretação das narrativas da contemporaneidade.

Cabe àqueles que têm contato direto com o mundo e aos protagonistas sociais uma sensibilidade sutil que vai além dos parâmetros conceituais ou das convicções ideológicas, para não falar dos achismos de livre-atiradores. São os repórteres e os cientistas que vão a campo testar suas hipóteses, que descobrem tendências e comportamentos não fixados nas gramáticas. Esses autores podem trazer para as narrativas a contemporaneidade em curso. No conflito de forças que caracteriza qualquer processo, há a inércia mental de só mapear as regularidades e não perceber a imprevisibilidade, as indeterminações. Estas se revelam muitas vezes nos códigos não-verbais.

A plenitude dos cinco sentidos no repórter afeto ao acontecimento lhe dá condições para ensaiar uma compreensão da dinâmica do caos em seus múltiplos códigos. Jornalistas que narram tanto o cotidiano quanto o evento extraordinário são convidados a fertilizar o texto verbal com notações não-verbais. Um exemplo recente: o relato da imprensa por ocasião da demissão e do pedido de desculpas do governador de Nova York Eliot Spitzer, em 12 de março de 2008, não poderia prescindir da narrativa emanada diretamente da tevê e da fotografia nos jornais. A atitude corporal, o rosto, a comissura labial e as olheiras de Silda, a mulher do governador, diziam muito mais que a palavra oficial do marido, desculpando-se com a família (mulher e três filhas) por seu envolvimento com garotas de programa.

El apretón de manos de Santo Domingo não seria uma surpresa tão espantosa se jornalistas e analistas assistissem, por exemplo, à cobertura ao vivo da CNN-espanhol no dia 31 de dezembro de 2007, quando Álvaro Uribe desmontou, em duas horas de face conturbada, a farsa da entrega do menino Emanuel aos delegados da missão humanitária liderada por Hugo Chávez. Quem esteve lá, na selva, no paraíso prometido para a entrega das reféns e do menino, recebeu com descrédito as palavras enunciadas pelo presidente da Colômbia. A cobertura jornalística e os analistas brasileiros desconfiaram, levaram uma semana para dar credibilidade a Uribe e ao blefe das Farc. No primeiro momento, entretanto, a movimentação corporal no espaço, o gestual e o olhar angustiado de Uribe na tela, na tarde de 31 de dezembro, codificavam uma verdade factual. Mas, para os jornalistas que interpretavam o momento, não passava de um lance político duvidoso. Também essa emissão deu a oportunidade de conhecer ao vivo a fala e a presença do comissário da paz colombiano. Luis Carlos Restrepo estava visivelmente na retaguarda de Uribe para relatar a história de Emanuel. Não era apenas uma autoridade lendo um relatório oficial, era uma pessoa emocionada, apertando os braços num ato de constrição. Para os jornalistas, na leitura ideológica fácil, mais um representante do poder constituído, conservador, alinhado ao presidente. Para quem conhece Restrepo e sua contribuição epistemológica, a pessoa presente ao ato vive as contradições do *Direito à ternura*. Nesse livro, como já foi dito, o comissário da paz aborda, com contundência, o analfabetismo afetivo da cultura ocidental e detalha a atrofia dos sentidos que favorecem a relação humana: tato, olfato e paladar. Em palavras sintéticas, andamos por aí ouvindo o que queremos, olhando o que nos interessa.

Ainda uma vez mais, o movimento de corpo do *apretón de manos*: não é por acaso que Uribe e Restrepo são parceiros no cotidiano colombiano. O presidente, conturbado na reunião do Grupo do Rio, certamente conhece a teoria e a prática de Restrepo; levantou-se e atravessou as fronteiras dos desafetos para abraçar (com toque de corpo, não apenas aperto de mãos formal) tanto Correa quanto Chávez e, ainda, Daniel Ortega, presidente da Nicarágua, que havia aderido aos ataques ao colega colombiano. O ato culminante, que nem será a solução dos conflitos latino-americanos nem apagará a unânime reprovação à invasão do Equador, ressalta um gesto mais eloqüente que as fórmulas diplomáticas ou as farsas políticas dos discursos verbais. As narrativas produzidas sobre esse acontecimento passaram ao largo das linguagens do corpo inteiro e fixaram apenas o fluxo verbal declaratório.

Graças ao contínuo televisivo ou graças a repórteres presenciais, sensíveis à riqueza simbólica, a cidadania pode, porém, desfrutar do direito à compreensão do acontecimento contemporâneo. Desafios postos pela desconstrução da herança positivista.

Da crise epistemológica que assedia a metodologia científica e a metodologia das ciências da comunicação algumas pautas se sobressaem. Uma delas, o estudo permanente e o exame das heranças cristalizadas; outra, a sensibilização perante os códigos não-verbais. Depende dessas experiências a ação eticamente transformadora da produção simbólica.

O jornalista, o comunicador como agente cultural, ocupa um lugar privilegiado na sociedade – não pode se contentar em exercer a função administrativa dos sentidos já estabelecidos em qualquer instância de poder. Para renovar e criar uma narrativa rigorosa, sutil e solidária, tanto os diversos produtores do saber científico quanto aquele que rege e articula a interpretação da contemporaneidade carecem do contato e do movimento: o corpo por inteiro abre a sensibilidade para a intuição criadora que, por sua vez, mobiliza a razão complexa para uma intervenção transformadora. E esse protagonismo humano a máquina ainda não superou. ∎

REFERÊNCIAS BIBLIOGRÁFICAS
(BREVE COMENTÁRIO)

BUBER, Martin. *Do diálogo e do dialógico.* São Paulo: Perspectiva, 1982.

Filósofo, o autor discute o diálogo em sua plenitude ontológica. Sem remeter a teoria para um plano metafísico, Buber insiste na prática dialógica do Eu-Tu nos limites da experiência possível. Embora de uma corrente de pensamento diferente da de Mikhail Bakhtin, há um ponto de encontro entre ambos no campo da dialogia, em especial na obra Marxismo e filosofia da linguagem *(São Paulo, Hucitec, 1977).*

COMTE, Auguste. *Discurso sobre el espíritu positivo.* Tradução e prólogo de Julián Marías. Madri: Alianza Editorial, 2000.

A publicação do texto de Auguste Comte, em 1844, oferece o núcleo filosófico do autor, referência epistemológica do positivismo. Desde a primeira edição espanhola, de 1934, até a edição de 2000 – à qual a versão e o prólogo de Julián Marías dão valor a essa referência histórica no universo da política, da filosofia, da educação e da metodologia científica –, é recorrente o significado da obra para os que enfrentam as incertezas da visão de mundo contemporânea. Também para os que estudam o jornalismo e as demais narrativas da comunicação social a visita aos alicerces comtianos elucida a origem de muitos princípios das gramáticas profissionais.

DAMÁSIO, António. *O erro de Descartes – Emoção, razão e cérebro humano.* São Paulo: Companhia das Letras, 2003.

Entre as obras do neurocientista português radicado nos Estados Unidos, esse título oferece um relato vivo e comunicativo do processo de pesquisa biológica. Damásio traça um panorama da aventura científica no desbravamento das neurociências, elucida o percurso com casos clínicos históricos e expõe sua interpretação da complexa rede neural que rege a inteligência humana. Sem autoritarismo biológico, o autor abre espaço também para a experiência cultural, embora delegue tais estudos às ciências sociais e à arte. O curioso capítulo que dá o título à obra se permite contestar a dicotomia corpo e alma. É um convite sedutor para voltar ao filósofo francês.

DEL NERO, Henrique Schützer. *O sítio da mente – Pensamento, emoção e vontade no cérebro humano.* 5. ed. São Paulo: Collegium Cognitio, 2002.

Os estudos da mente humana têm, no médico psiquiatra Henrique Del Nero, uma contribuição original. O autor explora exaustivamente as correntes contemporâneas da pesquisa de cérebro e dá ênfase à decisão ética da inteligência humana. Para além do conhecimento científico aplicável no consultório médico diante dos pacientes que o procuram, sua teoria se detém no domínio da educação para uma cidadania responsável. O sítio da mente é o lugar da solidariedade e da poética da vida.

DESCARTES, René. *Discurso do método*. Tradução de Paulo Neves e introdução de Denis Lerrer Rosenfield. Porto Alegre: L&PM Pocket, 2005 [reimpressão de 2008].

A introdução de Denis Lerrer Rosenfield, filósofo da Universidade Federal do Rio Grande do Sul, ressalta a importância da obra de Descartes (1596-1650) no contexto da ciência ocidental. A ambição de legar um método para o exercício da razão não se circunscreveu ao seu tempo. O percurso metodológico das ciências e a definição de princípios técnicos no jornalismo revelam a persistência da filosofia de Descartes. Assim como o adjetivo positivista, o adjetivo cartesiano é citado com sentido pejorativo em frases feitas com muita ligeireza. Torna-se, pois, oportuno para o estudioso retornar ao texto original para examinar o que se pode contestar nessa herança.

ELIADE, Mircea. *Imágenes y símbolos*. Madri: Taurus, 1983.

Na farta obra do mitólogo, elege-se esse livro em que o autor discute a produção simbólica humana e o significado histórico-social da narrativa. Ao pesquisar O sagrado e o profano (outro título clássico de Eliade), traz à pauta contemporânea a força da linguagem mítica que se atualiza constantemente na História. A vida contemporânea, como a vida dos nossos ancestrais, alimenta-se do simbolismo coletivo que recupera significados profundos e necessários ao enfrentamento das adversidades.

HABERMAS, Jürgen. *Teoría de la acción comunicativa I e II*. Madri: Taurus, 1987.

Na obra de referência da teoria do sociólogo alemão, os subtítulos dos dois tomos abordam desde a racionalidade da ação e a racionalização social à crítica da razão funcionalista. Trata-se de uma ampla revisão das correntes sociológicas que só a erudição rigorosa do autor é capaz de mapear. Para os estudiosos da comunicação social destaca-se, porém, a última parte do segundo tomo, quando Habermas propõe a pragmática da teoria crítica da sociedade, na forma de "tarefas". Nesse momento, invoca o papel dos meios de comunicação, cuja ênfase se concentra na ação comunicativa verbal.

KUHN, Thomas. *A estrutura das revoluções científicas.* São Paulo: Perspectiva, 1989.

Nessa obra clássica, o autor aborda a evolução do conhecimento científico. Para ele, o progresso não se dá pelo acúmulo gradativo, mas por rupturas – denominadas revoluções científicas. O saber consagrado em um paradigma se abala, obrigando os praticantes da chamada ciência normal a se reformular teórica e metodologicamente. Kuhn menciona também o papel dos fatores exteriores à ciência na erupção dos momentos de crise de paradigma e transformação do pensamento científico e da prática correspondente.

KUNSCH, Dimas Antônio. *Maus pensamentos – Os mistérios do mundo e a reportagem jornalística.* São Paulo: Annablume, 2000.

O autor analisa, da perspectiva filosófica e comunicacional, a herança autoritária dos espaços de imprensa em que a opinião conceitual ou os juízos de valor prevalecem sobre a narrativa dos acontecimentos sociais. Essa que foi sua dissertação de mestrado, defendida na Universidade de São Paulo em 1999, introduz uma corrente de pensamento que vai culminar em seu doutorado, defendido na mesma universidade em 2004. Com base na cobertura das guerras do Iraque nas revistas brasileiras de grande circulação, Kunsch defende uma aproximação compreensiva em vez do "eixo da incompreensão" que detecta nas mentalidades jornalísticas.

MEDINA, Cremilda. *A arte de tecer o presente – Narrativa e cotidiano.* São Paulo: Summus, 2003.
_____. *Entrevista – O diálogo possível.* 5. ed. São Paulo: Ática, 2008.
_____. *O signo da relação – Comunicação e pedagogia dos afetos.* São Paulo: Paulus, 2006.
_____. *Povo e personagem.* Canoas: Editora da Ulbra, 1996.

Nesses livros, no conjunto de sua obra, a autora reflete sobre o percurso de sua pesquisa, cujo principal eixo é a linguagem dialógica na comunicação coletiva. As mediações sociais que criam a rede democrática da cidadania, o signo da relação, se consumam numa arte de tecer o presente, cuja narrativa cria o laço entre povo e personagem, numa autoria comunicativa capaz de construir o diálogo possível. A escrita de Cremilda Medina une, em todos os seus livros, a teoria à prática, característica que se faz presente em reflexões e narrativas vivas nas quais experimenta a visão de mundo proposta na teoria dialógica.

MEDINA, Cremilda (org.). Série Novo Pacto da Ciência, nove volumes: *Primeiro Seminário Inter e Transdisciplinar – Novo pacto da ciência.* São Paulo: ECA/USP, 1992; *Hemisfério sol.* São Paulo: ECA/USP/CNPq, 1993; *Saber plural.* São Paulo: ECA/USP/CNPq, 1994; *Sobre vivências no mundo do trabalho.* São Paulo: ECA/USP/CNPq, 1995; *Agonia do Leviatã – A crise do Estado Nacional.* São Paulo: ECA/USP, 1996; *Planeta inquieto – Direito ao século XXI.* São Paulo: ECA/USP, 1997; *Caminhos do saber plural – Dez anos de trajetória.* São Paulo: ECA/USP, 1999; *Ciência e sociedade – Mediações jornalísticas.* São Paulo: Coordenadoria de Comunicação Social/Estação Ciência da Universidade de São Paulo, 2005; *Diálogo Portugal–Brasil – Século XXI: novas realidades, novos paradigmas.* Porto: Universidade Fernando Pessoa, 2008.

Em um percurso de dezoito anos, a organizadora contou nos volumes 2 a 7 da Série Novo Pacto da Ciência com o sociólogo co-organizador Milton Greco. Esse e outros colaboradores das diferentes áreas de conhe-

cimento têm se reunido para trocar experiências e registrar ensaios que discutem temas emergentes da ciência, da epistemologia e da sociedade contemporâneas. Embora a primeira sede tenha sido a disciplina de pósgraduação oferecida por Cremilda Medina na USP, "O projeto plural e a crise de paradigmas", que ela idealizou no âmbito de sua pesquisa – o diálogo social –, os encontros inter e transdisciplinares têm se realizado em várias universidades brasileiras, bem como na Universidade Fernando Pessoa, da cidade do Porto, em Portugal.

MERTON, Robert K. *Sociologia – Teoria e estrutura*. São Paulo: Mestre Jou, 1970.

Legado imprescindível na teoria sociológica, a obra de 758 páginas mapeia a pesquisa e a metodologia das ciências sociais no século XX. Sem preconceitos de escola fechada, o pensador supera os limites do estrutural-funcionalismo e compara, até com bom humor, a herança européia com a norte-americana. No capítulo específico sobre sociologia do conhecimento e as comunicações de massa (terceira parte da obra), Merton propõe uma complementaridade das metodologias muito inspiradora para os pesquisadores contemporâneos que possam sofrer a tentação de se filiar estritamente à tradição européia ou à anglo-saxônica.

MORIN, Edgar. *A cabeça bem-feita*. Rio de Janeiro: Bertrand Brasil, 2001.

Em meio às várias obras de Morin, esse título publicado na França no final do século XX e traduzido no Brasil no início do século XXI traz uma síntese epistemológica da teoria da complexidade que o autor tem defendido há décadas. A articulação da "cabeça bem-feita" é, para ele, uma prática laboratorial que se impõe no processo educacional. A cultura humanística e a cultura das ciências duras se unem em um ecossistema mental capaz de operar com incertezas no aprendizado da cidadania.

PASCAL, Blaise. *Pensamentos*. São Paulo: Edipro, 1996.

A leitura dos pensamentos de Pascal (1623-1662) reforça o diálogo dos diferentes, quando o cotejamos, no mesmo cenário histórico e geopolítico, com Descartes e examinamos os conflitos epistemológicos da racionalidade com a emoção intuitiva nos autores contemporâneos. Na diáspora de Pensées, o ensaísta transita dos abismos interrogativos da experiência humana para a transcendência, o que lhe dá a liberdade de afirmar: "O coração tem suas razões, que a razão não conhece [...]". Curioso notar – e isso vale tanto para o cotidiano como para o jornalismo – que Pascal não se descola da ação transformadora e postula a presentificação do gesto humano.

RESTREPO, Luis Carlos. *O direito à ternura*. 3. ed. Petrópolis: Vozes, 2001.

Psicanalista colombiano, autor de várias obras, Restrepo é conhecido no Brasil por esse livro que faz uma revisão epistemológica do que ele chama de analfabetismo afetivo. Segundo sua teoria, as culturas ocidentais acentuaram a atrofia dos sentidos – sobretudo tato, paladar e olfato –, o que impede o contato e as relações humanas. Essa perspectiva se aplica a todos no cotidiano, aos cientistas na pesquisa de campo e, em particular, tem especial interesse para os jornalistas. Ao transitarem no mundo cotidiano, estes necessitam de uma percepção que vá além do exercício limitado de sua rotina: olhar o que se quer olhar e colher declarações entre aspas.

SIEGEL, Lee. *Against the machine – Being human in the age of the electronic mob*. Nova York: Spiegel & Grau, 2008.

O pesquisador norte-americano Lee Siegel, uma das vozes críticas que estão surgindo diante das mídias eletrônicas, em particular a internet, ousa colocar-se, nesse livro, contra as máquinas e defende a presença humana no diálogo corpo a corpo. *Não destrói por destruir o comportamento neopático que delega a interatividade para o espaço mediado pelas infovias, mas resgata o contato direto do ser humano com o mundo vivo. Ir à rua ou ao centro da cidade, para usar a velha metáfora urbana, oferece a oportunidade insubstituível da viagem participativa na cultura. O* homo interneticus *constitui uma realidade irreversível que, se levada ao absoluto, acentua a solidão humana e o individualismo.*

WEBER, Renée. Diálogos com cientistas e sábios. 10. ed. São Paulo: Cultrix, 1995.

Publicado originalmente em 1986, nos Estados Unidos, o livro reúne um conjunto de entrevistas realizadas pela filósofa, também formada nas ciências da natureza. Renée Weber foi ao encontro dos cientistas e pensadores que, no século XX, reunificaram o que o cientificismo do século XIX fragmentara. David Bohm, Dalai Lama, Ilya Prigogine, Stephen Hawking e padre Bede Griffiths comparecem ao diálogo provocativo da autora para expor sua visão de mundo inserida no saber científico ou no saber metafísico. Os principais problemas da partição do conhecimento, do divórcio entre o homem e a natureza, a matéria sutil e densa como sujeito de pesquisa, a criatividade e a busca da unidade são temas que percorrem esse texto de dialogia presencial.

------ recorte aqui ------

CADASTRO PARA MALA-DIRETA

Recorte ou reproduza esta ficha de cadastro, envie completamente preenchida por correio ou fax, e receba informações atualizadas sobre nossos livros.

Nome: _____ Empresa: _____
Endereço: ☐ Res. ☐ Coml. _____ Bairro: _____
CEP: _____-____ Cidade: _____ Estado: ____ Tel.: ( ) _____
Fax: ( ) _____ E-mail: _____
Profissão: _____ Professor? ☐ Sim ☐ Não Disciplina: _____ Data de nascimento: _____

1. Você compra livros:
☐ Livrarias ☐ Feiras
☐ Telefone ☐ Correios
☐ Internet ☐ Outros. Especificar: _____

2. Onde você comprou este livro? _____

3. Você busca informações para adquirir livros:
☐ Jornais ☐ Amigos
☐ Revistas ☐ Internet
☐ Professores ☐ Outros. Especificar: _____

4. Áreas de interesse:
☐ Educação ☐ Administração, RH
☐ Psicologia ☐ Comunicação
☐ Corpo, Movimento, Saúde ☐ Literatura, Poesia, Ensaios
☐ Comportamento ☐ Viagens, *Hobby*, Lazer
☐ PNL (Programação Neurolingüística)

5. Nestas áreas, alguma sugestão para novos títulos? _____

6. Gostaria de receber o catálogo da editora? ☐ Sim ☐ Não
7. Gostaria de receber o Informativo Summus? ☐ Sim ☐ Não

Indique um amigo que gostaria de receber a nossa mala-direta

Nome: _____ Empresa: _____
Endereço: ☐ Res. ☐ Coml. _____ Bairro: _____
CEP: _____-____ Cidade: _____ Estado: ____ Tel.: ( ) _____
Fax: ( ) _____ E-mail: _____
Profissão: _____ Professor? ☐ Sim ☐ Não Disciplina: _____ Data de nascimento: _____

Summus Editorial
Rua Itapicuru, 613 7º andar 05006-000 São Paulo - SP Brasil Tel. (11) 3872-3322 Fax (11) 3872-7476
Internet: http://www.summus.com.br e-mail: summus@summus.com.br

cole aqui

------- dobre aqui -------

CARTA-RESPOSTA
NÃO É NECESSÁRIO SELAR

O SELO SERÁ PAGO POR

AC AVENIDA DUQUE DE CAXIAS
01214-999 São Paulo/SP

------- dobre aqui -------